AF476293

NOTICE HISTORIQUE

SUR LES COMMUNES

DE FLOURSIES, SEMOUSIES, SAINT-AUBIN ET DOURLERS.

NOTICE HISTORIQUE

SUR LES COMMUNES

DE FLOURSIES, SEMOUSIES, SAINT-AUBIN ET DOURLERS,

COMPOSANT AUTREFOIS LA TERRE ET SEIGNEURIE
DU SART DE DOURLERS,

PAR Z. PIÉRART.

MAUBEUGE,
IMPRIMERIE D'ED. LEVECQUE ET V. PRÉSEAU.
1850.

NOTICE HISTORIQUE

SUR LES COMMUNES

DE FLOURSIES, SEMOUSIES, SAINT-AUBIN ET DOURLERS.

Ces quatre villages sont situés dans le canton nord d'Avesnes, à l'origine du *Tarsy*, l'un des affluents de la rive droite de la *Sambre*. Trois ruisseaux, ceux de la fontaine Saint-Eloi et de la *Bracqnière*, et celui des *Marquées*, courant de l'est à l'ouest, donnent, par leur réunion, naissance au *Tarsy*. Semousies est situé à la source du dernier de ces ruisseaux; Floursies l'est à l'origine de celui de la fontaine Saint-Eloi; Dourlers occupe le mamelon qui se termine au confluent de ce dernier avec le ruisseau de la *Bracqnière*, et, quant à Saint-Aubin, il s'étend sur les rives du *Tarsy* en dessous du lieu où il se grossit de l'affluent des *Marquées*.

L'espace compris dans le territoire de ces quatre villages se trouve enveloppé par une ceinture de bois à laquelle font seulement interruption, au sud, les parties défrichées de l'ancienne haie d'Avesnes. Au centre, tout le long des cours d'eau dont nous avons parlé, se déroule une suite non interrompue de prairies bocageuses au sein desquelles paissent des bestiaux dont le lait procure la meilleure qualité de fromages que l'on connaissé dans l'arrondissement d'Avesnes. Le terrain, raide et humide aux extrémités, ainsi que dans certains endroits défrichés depuis la révolution, argileux dans les parties intermédiaires, est de nature sèche, calcaire au centre, surtout sur le prolongement où se sont élévées les habitations de chaque village. En moyenne, la fertilité des quatre territoires peut tenir le second rang parmi les terrains du pays, et depuis une quinzaine d'années la culture s'y est sensiblement améliorée. On y cultive tous les genres de céréales, du lin, et différentes sortes de légumineuses. Autrefois on y récoltait du houblon, notamment à Dourlers, comme on peut le voir par un procès intenté, en 1708, à plusieurs habitants du lieu qui se refusaient à payer la dîme de ce produit (1).

A quelle époque les verdoyants vallons qui se dessinent sur cette étendue de terrain ont-ils commencé à se couvrir de leurs premières habitations? quel a été le berceau de chacun des villages qui s'y trouvent? C'est ce qu'il est difficile de dire d'une manière certaine. Toutefois deux d'entre eux, Dourlers et Floursies, par leurs noms comme par les débris d'ouvrages qui s'y trouvent, semblent indiquer une origine très reculée. Néanmoins il faut arriver jusqu'au moyen âge pour rencontrer des lumières suffisantes à leur sujet. Alors le nom des quatre villages apparaît dans un grand nombre de documents authentiques. La trace de leur histoire, fugitive ou nulle dans les archives des abbayes qui en étaient décimatrices, peut se retrouver d'une manière assez suivie dans les titres qui concernent la terre de Dourlers, terre dans laquelle chacun des quatre villages a été presque entièrement enclavé pendant plusieurs siècles. Commençons par Floursies.

(1) Archives de l'abbaye d'Hautmont

Floursies.

Ce petit village, qu'au 12e siècle on appelait *Floresies*, *Florsies*, et que Vinchant désigne aussi sous le nom de *Fontaine-Florie* dans ses *Annales du Haynaut*, paraît avoir tiré son nom d'un temple que les Romains auraient consacré à Flore, au sein des prairies émaillées de fleurs qui s'y trouvent (1). Ce qui vient appuyer cette opinion, c'est que Floursies fut, selon toute apparence, au temps de la puissance de ces dominateurs du monde, le siége d'un poste ou établissement quelconque. L'aquéduc célèbre qui, d'après la tradition, amenait de l'eau jusque sur la place de Bavai, y avait son point de départ (2). On ne sait pas précisément l'endroit du territoire de Floursies où cet aquéduc prenait naissance, mais tout porte à croire qu'il partait de la source abondante que l'on trouve aujourd'hui au pied de l'église du village, et que l'on désigne sous le nom de fontaine Saint-Eloi. Cette source est renfermée dans un bassin circulaire, qu'entoure une maçonnerie d'environ un mètre de hauteur, et que surmonte une niche où figure la statue du saint auquel la fontaine a été consacrée. Ce bassin est rempli de vase jusqu'à une certaine

(1) Peut-être aussi ce nom de *Floursies* signifie-t-il *fontaine de Flore;* de là, la dénomination de *Fontaine-Florie;* ou bien coteau de Flore, de *sy*, côte, colline, en celtique.

(2) Voyez, au sujet de cet aquéduc, dans nos *Recherches sur Maubeuge et son canton*, la notice relative au village de Saint-Rémi-mal-Bâti.

hauteur, et présente toute l'apparence d'un puits que le temps aurait obstrué. Il y avait jadis autour quelques constructions romaines (1), dont les ruines se voyaient encore au 17e siècle, et qui feraient supposer qu'il existait en ce lieu quelque édifice ou établissement thermal. Une partie des pierres provenant de la démolition de ces ruines sont, de toute apparence, entrées dans la bâtisse des murs de l'église, qui s'élève à deux pas de là, sur un tertre isolé, ombragé de marronniers (2). Dans une prairie au nord-est de cette église on a retrouvé, outre un pavé de larges dalles en pierres bleues, des fondations en maçonnerie cimentée qui font croire qu'in-

(1) Voyez Vinchant dans ses *Annales du Haynaut*, édition complète publiée récemment par les bibliophiles de Mons, t. 1, p. 116.

(2) Il est un fait qui, faux ou véridique, n'en a pas moins été reproduit comme un souvenir également traditionnel : c'est l'histoire de deux canards qui, aussitôt que la construction de l'aquéduc fut achevée, auraient été placés à son orifice, l'auraient parcouru sur toute sa longueur, et seraient allés ressortir sur la place de Bavai. Ce fait, sans doute inventé après coup, n'est peut-être qu'une allégorie servant à montrer que les eaux de Floursies circulaient sans interruption sur tout le parcours du canal, et que Bavai était le terme où elles s'arrêtaient.

L'aquéduc de Floursies avait été construit avec tout le soin que les Romains mettaient dans la confection de leurs travaux. D'après les restes qu'on retrouve encore en différents endroits, on voit qu'il était de forme carrée et se composait de deux parties : l'une intérieure, composée de carreaux triangulaires aux parois horizontales, et de briques aux côtés latéraux ; et l'autre, extérieure, formée d'une maçonnerie en pierres du pays destinée à protéger le corps principal contre les chocs ou pressions du dehors. Les angles étaient occupés par des tuiles à rebord. Tant au dedans qu'au dehors, le tout était lié par un ciment aussi dur que la pierre et fait pour braver éternellement les atteintes de l'humidité et du temps. Le Père Boucher, qui paraît l'avoir bien visité, rapporte que le canal intérieur était arrondi par en bas et plat par en haut. De plus, il ajoute que les eaux s'y rendaient d'environ dix endroits dans un réservoir commun situé près de la ferme de l'Hôpital, à Ecuélin. (Bucherii, *Belg. rom.*, p. 502, ch. 4.)

Cet aquéduc s'étendait-il, comme on l'a pensé, sur une ligne par-

dépendamment des constructions qui avoisinaient la fontaine, il y avait à Floursies quelque maison de campagne ou villa romaine que le temps aura fait disparaître ; et ce qui vient appuyer les suppositions que l'on peut faire à cet égard, ce sont les noms de *rie* et *fâche d'el ville* qui sont donnés au ruisseau de la fontaine Saint-Eloi et au coteau qui le domine au nord. Ladite maison de campagne fut peut-être la demeure de ce *Gérard de Florsies* qui, en 1308, fut présent, avec le comte de Namur, l'abbesse de Maubeuge, les sires de Barbançon et de Houdaing, à l'acte par lequel l'évêque de Liége rétrocéda à la comtesse du Hainaut la terre de Mirewart et

faitement nivelée, traversant la terre dans les lieux élévés, et s'appuyant, dans les fonds, sur des arcades ou des piliers? ou bien, s'allongeait-il sur toutes les courbes, obéissant aux sinuosités du terrain? C'est ce qu'on ne pourrait exactement décider, surtout depuis qu'on a découvert qu'il s'enfonçait sous le lit de la *Sambre* pour se relever au-delà. L'eau tendant toujours à se mettre de niveau et à rejaillir jusqu'à la hauteur d'où elle est descendue (Voir la *Théorie des puits artésiens)*, il suffisait que l'endroit où le canal commençait à se mettre en pente fût plus élevé que le point de la hauteur opposée où il reprenait son niveau, et c'est justement ce qui s'est présenté sur toute la route qu'a eue à suivre l'aquéduc de Floursies. Nous avons pris le niveau des hauteurs par où il a dû passer, si l'on en juge à ses traces d'aujourd'hui. A Dourlers, à un kilomètre de son origine, il parcourt un terrain ayant 180 mètres environ au-dessus du niveau de la mer; et à l'extrémité du territoire de ce village, dans la direction du nord-ouest, le sol qu'il devait traverser en a 174. Au-delà, la plaine qu'il parcourait entre Limont et Ecuélin est élevée de 170 mètres; sur le prolongement de cette plaine, entre Baschamps et Fontaine, il y en a 164, et, plus loin, au lieu où, près de Saint-Rémi, existent des ruines bien ostensibles du conduit, 163. 156 mètres est la hauteur du terrain au sein duquel il s'enfonce pour passer sous la *Sambre* (rivière dont le niveau en cet endroit est à 130 mètres), et 156 est également le chiffre qui désigne la hauteur du terrain où il reparait au-delà, près de Boussières. De cet endroit, par les territoires du Vieux-Mesnil, d'Hargnies et d'Audignies, il parcourait une suite de plaines ondulées d'une élévation de 155, de 153 et de 151 mètres. Si l'on compare cette dernière hauteur avec celle du point de départ

d'autres biens situés dans le Namurois, biens dont le prédécesseur dudit prélat avait privé ladite comtesse (1). L'année suivante, ce même Gérard de Florsies fut l'un des trois députés que la comtesse de Hainaut envoya pour reprendre possession des terres que l'évêque avait promis de rendre, et qu'il ne rendit pas, par un acte d'insigne mauvaise foi (2).

On ne sait pas précisément la date de la construction de l'église de Floursies. Deux lignes de pierres tumulaires, de forme hexagonale, dont les caractères gothiques se sont effacés par le frottement, et qui couvrent tout le prolongement de la nef, semblent faire attribuer à l'édifice une assez grande ancienneté. Une chose certaine, toutefois, c'est qu'il y avait déjà une église à ***Florsies*** au 12e siècle, comme on peut le voir par un acte extrait du cartulaire de l'abbaye de Liessies (3). Par cet acte,

à Floursies, on voit que la différence est de 31 mètres, ce qui donnait une pente suffisante à la course de l'eau.

On a dû souvent se demander pourquoi les Romains, qui avaient autour de Bavai plusieurs courants d'eau et un grand nombre de sources, en avaient amené de si loin par tant de travaux. L'eau de Floursies avait-elle des qualités supérieures à toutes les eaux de la contrée, ou bien était-elle dans une direction plus favorable que toute autre par la diminution successive des hauteurs qu'elle devait parcourir? C'est ce qu'on n'oserait décider. La cause principale, en plaçant si loin le point de départ de l'aquéduc dont il est question ici, était-elle d'en dérober la direction et la source aux armées d'invasion, qui, lors d'un siége qui les eût rassemblées sous les murs de la ville, auraient été tentées de le détruire? Ou bien, plutôt, l'éloignement du point de départ était-il une condition nécessaire pour que, sur son trajet, le canal pût s'alimenter aux sources ou aux ruisseaux qu'il rencontrait, à telle fin que la quantité d'eau fût plus abondante, ou que, détruit quelque part, il ne cessât pas de retrouver des eaux plus bas pour les besoins de la ville? Ces dernières suppositions paraissent être les plus probables.

(1) Saint-Génois, ***Monuments anciens***, p. 272.

(2) Idem, p. 274.

(3) Voici un passage de la *Chronique de l'abbaye de Liessies*, faisant

Guillaume de Dompierre fit, en 1162, don au susdit monastère, pour l'entretien du prieuré de Dompierre, entre autres bénéfices, de l'autel de *Floresies*. Cet autel était alors desservi par un pasteur à résidence, comme on peut le voir dans la liste des paroisses du Haynaut donnée par Jacques de Guise dans ses *Annales* (1). Il continua à en être ainsi depuis, et même, plus tard, on annexa à la paroisse de Floursies celle d'Esclaibes. Le nom de *sentier du curé*, qu'on donne encore à la voie qui fait communiquer les deux villages, demeurera long-temps comme une preuve de ce fait. Aujourd'hui Floursies fait partie de la paroisse de Semousies.

D'après un pouillé du 15e siècle, les revenus nets de l'autel de Floursies se montaient alors à 17 livres 14 sous. Comme ces revenus, avec les autres bénéfices, ne lui suffisaient pas pour prendre à sa charge toutes les réparations de l'église, l'abbaye décimatrice s'en chargea pendant long-temps, comme on peut le voir par plusieurs titres relatifs aux dépenses occasionnées pour l'entretien du chœur de ladite église (2). Mais en 1619, les moines

mention de l'acte rapporté ci-dessus : « Guilielmus de Dono-Petri cœnobio Lætiensi, totamque villam cum appenditiis suis, corpus beati Ettonis, altare de Ficiaco, altare de Scarbes, altare de Floresies, allodium de Flobercq, altare de Thy, multasquoque alias contulit possessiones. Scribitur hic Guilielmus fuisse monachus et acolytus ; obiit 6 Novembris die, sed annum ignoramus. » (*Chronique de l'abbaye de Liessies*, par Jacques de Lespée, p. 423.)

Lelong, dans son *Histoire du diocèse de Laon*, p. 77, parle également de la donation de Guillaume de Dompierre, et M. Leglay, dans son *Rapport sur les monuments historiques du nord*, demeuré inédit, t. 2, p. 102, inventorie le diplôme par lequel cette donation fut faite, et ajoute qu'il est le plus ancien qu'on possède sur l'abbaye de Liessies.

(1) T. 12, p. 330.

(2) *Archives de l'abbaye de Liessies*, à Lille, au dépôt du département.

de Liessies, sans doute fatigués des réparations incessantes qu'ils étaient obligés de faire, se déchargèrent de ces soins entre les mains des habitants, auxquels ils payèrent, pour indemnité, une somme de 225 livres, une fois fait (1), tandis qu'ils allouaient au desservant une portion congrue de 300 florins, qu'il toucha jusqu'à la révolution française.

Le village de Floursies paraît avoir fait, de très ancienne date, partie de la terre de Dourlers, et nous verrons, lorsqu'il s'agira des seigneurs de cette terre, quelques faits relatifs à la commune de Floursies (2). Autrefois, comme aujoud'hui, cette commune, sans doute, n'était guère composée que de métairies situées le long du chemin de grande vicinalité qui la traverse, ou dans les clôtures épaisses qui se développent autour de ses habitations. En 1469, elle renfermait 22 feux, et, depuis, sa population ne s'est guère accrue, car au 17e siècle le même nombre de maisons s'y trouvait encore. Au 18e siècle, il n'y avait guère que 95 habitants. En 1829, on en comptait 205. Depuis, ce nombre ne s'est accru que de 18, et, d'après le dernier recensement, il s'y trouve 55 feux. La superficie totale du territoire est de 469 hectares, dont 297 en terres labourables, 4 en prés, 68 en vergers et pâtures, 94 en bois, le reste en propriétés bâties, en chemins et en ruisseaux. Le revenu imposable s'y élève autour de 23,080 fr. Les actes de l'état civil y

(1) *Chambre des comptes*, à Lille, p. 7 et 20.

(2) Quoique compris dans la prévôté de Maubeuge, ainsi que les autres villages de la terre de Dourlers, Floursies était, chose étonnante, régi par la coutume de La Bassée. Il en était de même de Glageon, autre commune ressortissant également de ladite prévôté. *Histoire du parlement de Flandre*, par G.-M.-L. Pillot, conseiller à la cour de Douai, t. 1, p. 127.)

existent à partir de 1648 pour les naissances, et de 1694 pour les mariages et décès. Le total des contributions, de 3,438 f. 66 c. en 1830, y est aujourd'hui de 3,788 f. 50 c. (1)

En quittant le village de Floursies pour gagner celui de Dourlers, on rencontre, sur le ruisseau de la fontaine Saint-Eloi, un moulin qui, avec quelques fermes isolées du reste de la commune, compose une agglomération d'habitations que l'on désigne sous le nom de ***Forgette.*** Ce lieu est le seul du voisinage qui soit désigné dans la carte du Haynaut qui parut au 16e siècle dans la ***Géographie historique*** de Guichardin. Des levées de terre assez importantes l'avoisinent et font supposer que là aurait pu exister, anciennement, un poste destiné soit à protéger l'aquéduc de Floursies à Bavai, soit l'usine ou forge dont le moulin d'aujourd'hui aurait pris depuis la place.

L'ancien vieux grand chemin qui, autrefois, était l'unique route allant d'Avesnes à Maubeuge, passe à peu de distance de la Forgette. En le suivant quelque temps, on traverse l'extrémité orientale de la commune de Dourlers, et on arrive à Semousies, village dont les habitations sont à la fois disséminées aux abords dudit grand chemin, sur les routes d'Avesnes et de Solre, et dans un hameau appelé le ***Luyteau.***

(1) ***Dénombrement de la chambre des comptes de Lille.*** — Statistiques et renseignements divers.

Semousies.

Quelle est l'origine de ce village, qu'on nommait jadis aussi *Scémosies, Simousies, Zimousies?* Son nom vient-il de *semen*, *semence*, et voudrait-il dire, avec la terminaison *sy*, dont nous avons précédemment donné la signification, *coteau de la semence?* Alors cette étymologie latine lui ferait attribuer une existence fort ancienne, existence qu'on peut présumer, du reste, lorsqu'une fois on a admis la présence d'un établissement romain à Floursies.

Au 12ᵉ siècle, Semousies existait déjà à l'état de paroisse et comprenait un noyau de maisons assez important. Certains récits qui se sont traditionnellement maintenus chez les habitants ont donné quelques renseignements sur des faits pleins d'intérêt qui s'accomplirent dans cette commune au milieu du moyen âge. L'épidémie affreuse qui, sous le nom de peste noire, désola l'Europe entière au commencement du 14ᵉ siècle, sévit à Semousies d'une manière épouvantable. Elle frappa de mort tous les habitants en un très court espace de temps, et l'on rapporte qu'il n'y demeura plus qu'un pauvre ménage, celui d'un nommé Jean Bourgogne, dont la femme, seule, eut le bonheur de survivre pour enterrer son mari, devenu la dernière victime du fléau. Ce village fut alors complétement abandonné, et cet abandon paraît avoir duré bien long-temps, puisqu'un sureau de belle grosseur fut plus tard retrouvé, dit-on, en pleine végétation sur le maître-autel.

La cloche qui occupe actuellement le beffroi de Semousies porte la date de 1551, et ce millésime démontre qu'alors la population y avait reparu suffisamment pour nécessiter la célébration de l'office divin. Toutefois l'on croit que le village n'était alors qu'une annexe de la paroisse de Dourlers, et que ce ne fut qu'au commencement du 17e siècle qu'il fut pourvu d'un pasteur à résidence.

L'église actuelle paraît avoir été construite en 1672, si l'on en croit le millésime inscrit sur l'un des sommiers de la charpente. La tenue des actes de l'état civil est antérieure de 60 ans à cette construction, et les registres sur lesquels ils figurent à partir de cette année ont été conservés intacts jusqu'à nos jours. Par leur inspection, on voit que la population ne fut d'abord guère importante à Semousies, quoique, cependant, elle ait toujours été en augmentant. Le registre des baptêmes ne fait mention que de 2 naissances en 1666, de 4 en 1700, de 8 en 1780, et de 11 en 1800. La population, qui se trouvait répartie dans 11 maisons en 1469, dans 20 au commencement du 17e siècle, comptait seulement 70 habitants en 1773, et 280 en 1835. Aujourd'hui il y en a 306 et 75 feux. Le territoire, sur 310 hectares, en comprend 145 en terres labourables, 148 en pâtures, 3 en prés, et le reste en bois, landes, fonds de bâtiments, routes, chemins et ruisseaux. Le revenu imposable d'après le dernier tableau de sous-répartition de la contribution foncière, dressé en 1839, est de 18,309 fr., et le total des contributions, de 2,258 fr. 42 c. en 1830, y est aujourd'hui de 3,691 fr. 90 c.

L'abbaye d'Hautmont avait autrefois la collation de la cure de Semousies. A cette cure était annexée la paroisse de Beugnies. On trouve dans la partie des murs de l'église qui regarde le sud une pierre tumulaire qui est un témoignage matériel de cette réunion des deux paroisses. C'est celle de Paul Allart, décédé en 1629, curé de *Semousies* et Beugnies (1). Lors du concordat de 1802, la paroisse de Beugnies ayant été réunie à celle de Sars, la cure de Semousies a été compensée de cette disjonction par l'annexion de celle de Floursies.

Le produit net de l'autel de Semousies ne dépassa guère, pendant plusieurs siècles, 10 livres 9 sous (2). En 1615, par lettres du vicariat de Cambrai, il fut augmenté de la moitié des revenus de la chapelle d'***Hairon-Fontaine*** (voyez ***Mairieu*** dans nos ***Recherches sur Maubeuge et son canton***), revenus dont les deux autres quarts étaient accordés aux églises de Saint-Aubin et Dourlers. En 1689, cette moitié de revenus fut reprise par les religieux d'Hautmont, qui alors allouèrent au curé de Semousies une portion congrue de 350 florins, et renoncèrent à percevoir désormais les bénéfices de sa cure. Cette renonciation fut faite à charge d'indemnité de la part du curé, qui, en outre, s'obligea avec les habitants de pourvoir aux réparations que nécessiterait la maison curiale. Ces conventions reçurent une première application en 1743, lorsqu'il s'agit de la construction du presbytère qui existe encore aujourd'hui (3). Les seigneurs de Dourlers, pendant long-temps, concoururent

(1) Cette pierre, en différents endroits, porte la trace de dégradations sacriléges dues sans doute aux mains d'un iconoclaste de 93.

(2) Pouillé compris dans les archives du Haynaut à Mons. C'est le même que nous avons cité au chapitre précédent.

(3) Pendant long-temps l'abbaye de Saint-Ghislain perçut sur le village de Semousies une somme de 18 sols. Cette redevance lui avait été cédée avec d'autres avantages, en 1180, par Jacques d'Avesnes, Adeline sa femme, et Gauthier son fils, en vertu d'un acte authentique

aussi à l'entretien de l'église de Semousies, et l'on voit dans les comptes de dépenses de leur terre, qu'indépendamment d'une rente annuelle de 4,228 fr., à laquelle les curés de Dourlers et de Semousies avaient la plus grande part, ces derniers en touchaient annuellement une autre de 15 livres, valeur de 3 muids d'avoine qui leur étaient régulièrement due (1).

Semousies paraît autrefois avoir renfermé un fief ou seigneurie particulière, du moins si l'on en juge par le mariage de Jeanne, *dame de Semousies*, avec Fastret, seigneur d'Esclaibes. En 1405, Jeanne d'Esclaibes, fille de ce seigneur, qui tenait la terre de Semousies de sa mère, en fit le relief. Depuis ce temps, les seigneurs d'Esclaibes ont toujours eu des biens à Semousies, et peut-être même des droits seigneuriaux; car, bien que les seigneurs du sart de Dourlers y aient eu également des propriétés, on peut voir par des comptes de 1635 que Semousies ne faisait pas encore alors partie de leur seigneurie. Il n'y fut sans doute annexé que par l'acte de vente conclu sur la fin du 17e siècle entre Pierre Bady, et madame de Wliéringhe, comtesse d'Esclaibes (2).

La commune de Semousies fut, en 1793, le théâtre d'une partie des mouvements qui signalèrent la bataille de Wattignies. L'aile droite de la division Balland, qui, au centre de l'armée française, devait emporter les hauteurs de Dourlers, s'y posta en partie, s'allongeant à l'est

souscrit par les abbés de Liessies et de Homblières, en Vermandois. (*Chronique de l'abbaye de Saint-Ghislain*, par Baudry de Mons, p. 389.)

(1) Voir les comptes de dépenses de cette terre au 17e siècle dans les *Archives* du département.

(2) Voir les comptes retrouvés à la prévôté de Maubeuge, plus la *Généalogie des seigneurs d'Esclaibes*. Voir également la partie de la présente notice qui concerne Dourlers.

pour se lier au corps de Duquesnoy, qui opérait sur Wattignies. Les tirailleurs français poussèrent plusieurs fois à travers la plaine leurs tentatives sur Floursies, qui, comme Dourlers, fut pris et repris plusieurs fois. Une vieille ferme appartenant aux seigneurs de Dourlers, dite la *cense de Semousies*, fut quelque temps le point de mire de nos canonniers, qui avaient résolu de l'incendier, ce qu'ils auraient fait si l'action n'était venue à se terminer. Une autre métairie, appartenant aux mêmes seigneurs, la *cense à Longe*, qui se trouve au nord de la ferme de Semousies, non loin du point de jonction de la route de Solre avec celle d'Avesnes, servit alors d'ambulance à la division du général Balland, et de quartier-général à Carnot et à Jourdan, et c'est non loin de là, sur la campagne, que furent établies ces formidables pièces de 16 qui, servies par les habiles canonniers de la commune de Paris, démontèrent, dit-on, l'artillerie du prince de Cobourg et semèrent le désordre dans son armée (1).

En 1815, le 12 juin, l'empereur Napoléon, venant d'Avesnes, passa près de la *cense à Longe*, se rendant à Beaumont, par la route de Solre. Il commençait cette courte et malheureuse campagne qui devait se terminer par la catastrophe de Waterloo. Le 20 du même mois, l'armée, battue dans cette journée mémorable, arrivait en déroute dans l'état de débandade le plus complet. Comme, avant de quitter le champ de bataille, l'empereur avait indiqué les environs d'Avesnes pour point de ralliement, des piquets de cavalerie, placés à l'embranchement de la route de Solre, près de la *cense à Longe*, avaient mission de rappeler cet ordre aux différents corps de l'armée en retraite au fur et à mesure de leur

(1) Voir nos *Recherches historiques sur Maubeuge*.

arrivée, en indiquant les positions qu'ils devaient occuper respectivement. Mais ces efforts furent inutiles : au mot de ralliement, la plupart des soldats jetaient leurs armes et disparaissaient au milieu des bois ou par les chemins de traverse. Ce ne fut, comme on sait, que sous les murs de Laon, et trois jours après, qu'une masse d'armée assez imposante pour arrêter l'ennemi fut réunie.

Le hameau du *Luyteau*, dont nous avons parlé avant de commencer l'histoire de Semousies, est formé de plusieurs habitations disséminées à l'est de ce village, au sein de prairies clôturées. Autrefois il appartenait à la commune de Dourlers; mais en 1810, époque de la confection du cadastre, il a commencé à n'en plus faire partie. Il fut alors échangé contre les terres qui s'étendent à l'ouest, entre la route d'Avesnes et un ravin qui, sortant du bois, va se jeter dans le ruisseau des *Marquées*, issu de Semousies, et dont nous avons parlé en donnant la topographie des quatre villages.

Saint-Aubin.

—

Le ruisseau des *Marquées* partage les plaines qui forment la partie méridionale du territoire de Dourlers en deux parties, dont l'une, à gauche, couverte de ravins et de clôtures, était autrefois en friche, comme le prouvent les dénominations de *brays* et de *tris* (1), qui sont données à quelques points de sa surface. Le nom de *Marquées*, sans doute issu du tudesque *marcq* (limite, frontière), aura été donné au ruisseau, qui faisait de ce côté la limite des terres d'une seigneurie, ou bien celle des champs cultivés de la commune de Dourlers. Ces champs, sur la droite, ont pris le nom de *couture* (autrefois *coulture*), de ce que probablement ils furent d'abord les premiers et les seuls qui reçurent une culture. Ils se terminent auprès du ruisseau par un escarpement fort rapide sur lequel croissent de nombreux buissons de genévriers. C'est derrière cet escarpement que les détachements de cavalerie française se masquèrent lors des fameuses attaques du 15 octobre 1793. Les eaux du ruisseau serpentent au pied de cet escarpement jusqu'à ce qu'elles aillent se perdre dans le *Tarsy* au sein des prai-

(1) Ces mots, qu'on peut traduire par ceux de *landes*, *bruyères*, sont généralement employés dans le Haynaut. Voyez ce que nous en disons dans nos *Recherches sur Maubeuge et son canton*, à l'article *Wattignies*.

ries de Saint-Aubin, qu'on rencontre à un kilomètre de là.

Saint-Aubin paraît tirer son nom du saint auquel son église fut anciennement consacrée : saint Alban, Albin ou Albain (1). Au 12e siècle, cette église existait déjà, et l'on voit, par un acte de cette époque, qu'Odon, évêque de Cambray, en confirma la possession à l'abbaye d'Hautmont avec les revenus de l'autel et sept mances de terre situées sur les lieux (2). Depuis lors, les religieux de ladite abbaye continuèrent à être collateurs de la cure de Saint-Aubin et à en percevoir la dîme et le terrage. Leurs revenus y allèrent toujours croissant jusqu'à l'époque de la révolution française, où ils s'engloutirent, comme tant d'autres, dans le naufrage des biens du clergé. Aujourd'hui le nom de la *cense de la Dîme*, donné à une ferme qui occupe la partie la plus importante du village, ainsi que celui de *fache de l'Abbaye*, y sont encore des souvenirs de la toute-puissance des moines. Pendant plusieurs siècles, les revenus nets de la dîme de Saint-Aubin furent évalués à 19 livres 3 sous 6 deniers. Ces revenus, avec le casuel, n'étant pas suffisants pour les besoins du desservant, les religieux d'Hautmont finirent par lui allouer une portion congrue dont le montant varia à différentes époques, selon les réclamations des intérressés. En 1665, sous le curé Leverd, cette portion congrue était de 600 livres. En 1687, sous maître Robillart, son successeur,

(1) Saint-Aubin n'est pas le seul village de ce nom qui existe en France. Outre Saint-Aubin du Cormier, si célèbre dans notre histoire, on en trouve quatre-vingt-dix-neuf autres ayant tout à fait la même orthographe. En outre, quatre portent le nom de Saint-Albin, treize celui de Saint-Alban, quatre autres s'écrivent Saint-Auban, et un seul Saint-Albain. Comme on le voit, ledit saint n'est pas un de ceux qui aient eu le moins de vogue dans notre pays de France.

(2) Cartulaire de l'abbaye d'Hautmont.

elle fut portée à 300 florins, et en 1782 à 1,080 livres (1).

On ne sait pas l'époque précise de la fondation de l'église actuelle ; toutefois elle paraît fort ancienne. Son clocher, sorte de tour massive de forme carrée, semble avoir été construit pour renfermer un grand nombre de cloches. Il se perd au milieu des arbres du cimetière qui l'entoure, notamment sous le feuillage touffu d'un admirable tilleul qui fut planté , il y a 60 ans , comme arbre de la liberté.

Saint-Aubin, quoique ayant toujours été une paroisse à part, fit long-temps partie de la commune de Dourlers, comme on peut le voir dans une foule d'actes où la municipalité de ce dernier endroit est aussi indiquée comme administrant l'annexe de Saint-Aubin. Ce n'est que sur la fin du 17e siècle que Saint-Aubin commença à posséder un mayeur et des échevins à part.

Au 12e siècle, la terre et pairie d'Avesnes possédait dans ce village un fief direct, et le cartulaire d'Hautmont renferme une charte de 1199 par laquelle Gautier d'Avesnes, deuxième du nom, fit ériger une chapelle dans son manoir de Saint-Aubin, du consentement de l'abbé d'Hautmont, Robert, et se chargea d'entretenir un chapelain pour la desservir. Il fut stipulé, toutefois : que l'abbaye conserverait la dîme du croît des troupeaux, ainsi que celle des autres produits du manoir ; que, toutes les fois que le sire d'Avesnes assisterait à quelqu'une des trois principales fêtes du village, il devrait porter ou envoyer son offrande au pasteur. Par cet accord enfin il fut convenu : que celui-ci ne s'arrogerait aucun droit sur la chapelle, tandis qu'en réciprocité ce-

(1) Pouillé compris dans les *Archives de la province du Haynaut. Archives de l'abbaye d'Hautmont.*

lui qui là desservait ne se mêlerait aucunement de l'administration des sacrements (1).

Le manoir de Saint-Aubin, avec sa chapelle, fut acquis dans le 13e siècle par les chevaliers du Temple, et, plus tard, lorsque cet ordre célèbre fut aboli, il passa entre les mains des chevaliers de Malte. Dans la suite, cette propriété ne fut plus qu'une exploitation agricole qui a conservé jusqu'aujourd'hui le nom de l'un des deux ordres qui la possédèrent : elle s'appelle la *cense du Temple*. A la révolution de 89, elle sortit des mains de ses anciens possesseurs pour devenir la propriété du fermier qui l'occupait.

Les murs épais de cette métairie, son architecture toute particulière, annoncent assez son origine. Les bâtiments sont flanqués, vers le milieu, par une tour au haut de laquelle une cloche était suspendue. La chapelle se trouvait à l'une des ailes et pouvait contenir 2 à 300 personnes. Long-temps cette pièce servit de laiterie. En 1832, elle fut agrandie et transformée en grange. La charpente qui en supportait la voûte existe encore presqu'entièrement. Le travail délicat de ses différentes parties, ses solives cintrées, et les sculptures gracieuses qu'on y remarque, rappellent la sollicitude qu'apportaient les religieux du moyen âge dans la construction de leurs édifices. Parmi les larges pierres bleues qui formaient le pavé de cette chapelle, et qu'on a enlevées pour garnir le devant de la ferme, on en distingue quelques unes qui paraissent avoir recouvert des tombeaux, mais dont les épitaphes, effacées par le frottement, sont illisibles.

(1) Cartulaire d'Hautmont, acte 26, fol. 15, r°. — M. Michaux, *Chronologie historique des seigneurs d'Avesnes.* — *Archives du Nord*, nouv. série, t. 5, p. 434.

La cense du Temple se trouve dans une prairie dont le sol, plein d'aspérités, renferme de nombreux fondements de maçonneries anciennes, ce qui semble faire croire que le manoir des seigneurs d'Avesnes, dont nous avons parlé, était plus important que les bâtiments d'aujourd'hui ne semblent l'indiquer. Ladite prairie se trouve bornée au sud-ouest par deux chemins creux et couverts, le long desquels se font remarquer les débris d'anciens murs qui, sans doute, formaient l'anceinte du manoir. De l'autre côté, la prairie se trouve baignée par le *Tarsy*, qui s'y grossit de l'affluent des *Marquées*. Là sans doute se trouvait l'étang qui est indiqué dans un acte de 1241. Par cet acte, Renaud, maître de la milice du Temple dans le bailliage de Landimesio, abandonna toutes les difficultés qu'il avait avec Bouchard d'Avesnes au sujet du vivier de Saint-Albain et des terres qu'il avait acquises dans le même territoire (1). Aujourd'hui on ne trouve plus en cet endroit que le vivier du moulin de Saint-Aubin, situé à deux pas de la cense du Temple. Ce moulin est très ancien. Il appartenait, avant la révolution, aux seigneurs de Dourlers, qui y percevaient le droit de moûture sur les paysans des quatre villages composant la terre desdits seigneurs.

A partir de ce moulin, le *Tarsy* se bifurque pour former dans le centre du village une île verdoyante ombragée de grands arbres. Il arrose ensuite une ceinture de prairies qui appartenaient également autrefois aux seigneurs de Dourlers, et va enfin faire tourner un second moulin, dit le moulin *des Bodelez*.

Les Bodelez, tel est le nom du hameau qui forme la deu-

(1) Saint-Génois, p. 548. — Michaux, *Chronologie historique des seigneurs d'Avesnes*, p. 71.

xième partie du village de Saint-Aubin. Ce nom est-il un diminutif du mot *bois* (qui se dit *bos* en patois du pays), voulant signifier *petit bois?* ou bien a-t-il été usité pour indiquer un endroit voisin du bois? *Bodelez* serait alors la même chose que *vers le bois, près du bois*, et cette assertion paraît toute naturelle quand l'on considère la signification de l'expression *lez*, *delez*, usitée anciennement dans tout le Haynaut, et qui, en celtique, signifie *proche*, *près de*.

Le hameau des Bodelez se compose en grande partie d'un certain nombre de métairies isolées chacune au milieu de prairies clôturées, renfermant une foule d'arbres fruitiers. La partie la plus importante du hameau se compose d'une agglomération de maisons bâties sur un terrain autrefois en friche : de là le nom de *Try* qui lui a été donné.

A peu de distance du Try s'offre un vallon riant, très pittoresque, qui prend naissance dans une portion de l'ancienne haie d'Avesnes, que l'on désigne sous le nom de bois de *la Grande-Croisette*. Au fond de ce vallon, dans un endroit très agréable du bois, mais sur le territoire de Saint-Hilaire, se voit un bâtiment très ancien, clos et entouré de fossés, qu'on appelle l'*Hermitage*. Cette demeure existait déjà au commencement du 11e siècle. Elle fut d'abord l'asile de quelques religieux détachés du prieuré de Dompierre, puis de pieux cénobites de qui l'établissement actuel a pris son nom. Avant la révolution, cet hermitage se composait d'une maison, d'une brasserie et d'une boulangerie. Quelques souterrains y aboutissaient (1). Un hermite y faisait les fonctions d'écolâtre pour les enfants des villages voisins. Aujourd'hui cette habitation, dont l'aspect et la destina-

(1) *Annuaire statistique du Nord*, année 1838.

tion éveillent plus d'une idée romanesque, n'est plus que la demeure d'un garde forestier.

En 1824, Saint-Aubin renfermait 781 habitants. Aujourd'hui on y compte seulement 648 individus, répartis dans 177 maisons. Sa superficie est de 1,000 hectares, dont 331 en terres labourables, 371 en pâtures, 361 en bois, et le reste en fonds de bâtiments, chemins et ruisseaux. Le revenu total imposable y monte à près de 60,000 fr. En 1830, le fisc y prélevait 7,678 fr. 69 c.; il y retire actuellement, sur l'ensemble des diverses contributions, 10,188 fr. Les actes de l'état civil y sont conservés depuis l'année 1662, sans lacunes.

Dourlers.

Du hameau des Bodelez, en suivant la lisière de la Grande-Croisette, on atteint un chemin communiquant d'Avesnes à Saint-Aubin, et qui, quatre pas plus haut, s'embranche sur Dourlers. Ce village apparaît alors, se développant gracieusement de l'ouest à l'est, sur une étendue de 3 kilomètres environ, formant le long du grand chemin de Berlaimont à Solre une ligne non interrompue d'habitations. Les différentes parties de cette ligne prennent les noms de *rue Là-Haut*, de *Place*, de *rue d'Arousies*, et puis de *Mont-Dourlers*, portion considérable presqu'entièrement située sur la route d'Avesnes à Maubeuge.

On pénètre au centre du village au moyen de plusieurs chemins profonds, ombragés par les clôtures épaisses de nombreux vergers. Ce qui frappe surtout l'étranger, en arrivant dans cette commune, c'est son aspect riant, l'air de propreté que présentent et ses habitations et les chemins le long desquels elles sont construites. Au milieu du village est une place publique, la plus belle, sans contredit, de toutes les communes rurales du pays. C'est un large espace libre, couvert de verdure. Autour de cet espace s'étale une ceinture continue de maisons du sein desquelles se détachent, d'une manière pittoresque, l'église et la mairie du lieu. Là se donnent rendez-vous, pendant la belle saison, les joueurs de balle et de quilles, ainsi que les amateurs de danse, qui affluent de toutes parts aux jours de ducasse (1).

Dans une foule de titres anciens, Dourlers s'écrit indifféremment : *Dourlers*, *Dourleïs*, *Dourlai*, et même *Dourleers*. Ce nom vient-il de *durus locus*, *lieu dur*, à cause du terrain calcaire sur lequel il est construit, ou bien serait-il formé du celtique *dour*, qui veut dire *passage*, et des mots *ers*, *eïs*, *ai*, qui signifient *lieu? Lieu du passage*, telle serait alors la signification du mot *Dourlers*. Mais de quel passage ce nom serait-il venu ? Sans doute de celui de l'aquéduc de Floursies, qui le traversait de l'est au nord-ouest, et dont on a retrouvé les traces en plusieurs endroits (2). L'une de ces traces se fait surtout

(1) La ducasse de Dourlers, qui revient deux fois l'an, à la Saint-Médard et le dernier dimanche d'août, est une des plus belles de l'arrondissement d'Avesnes. La vogue qu'elle a date surtout de l'époque des comtes de Normont. Ces seigneurs avaient l'habitude d'y assister avec leur nombreuse société, et le bal champêtre était toujours commencé par un quadrille où monsieur le comte dansait avec la plus jolie des paysanes de l'endroit en vis-à-vis avec un de ses vassaux qu'une dame du château voulait bien accepter pour cavalier. Comme on le voit, ce n'était point le cas d'appliquer ici le couplet suivant du *Vieux ménétrier* de Béranger :

Du château plaignez le maître ;
Quoiqu'il soit votre seigneur,
Il doit du calme champêtre
Vous envier le bonheur.

Triste au fond d'un équipage,
Quand là-bas il va passer,
Eh ! lon, lan, la, gens de village,
Sous mon vieux chêne il faut danser.

(2) La terminaison *er*, *ers*, veut dire aussi, en celtique, *eau*, *courant*. Alors Dourlers signifierait passage de l'eau, ce qui s'accorde également avec la présence de l'aquéduc dans cette commune. Latour d'Auvergne, dans ses *Origines gauloises*, p. 280, et M. D'Anville, dans sa *Notice sur la Gaule*, prétendent que *dur*, *dour*, signifient *eau*, *rivière*. Alors avec la terminaison *ers*, il faudrait donner au mot *Dourlers* la signification de : *courants d'eau* ; ce qui se justifie encore par la présence des deux ruisseaux rapides qui baignent ce village dans toute sa longueur.

remarquer dans un chemin couvert, nommé le Chemin-Douteux, situé au nord de la partie centrale du village. Elle consiste en un vieux mur de 19 mètres de long sur une hauteur de 90 centimètres d'épaisseur. La partie inférieure de ce mur est entièrement dégradée, et il ne tient plus que sur quelques faibles pivôts. Cependant sa solidité est extraordinaire, tant est supérieur le ciment qui lie ses différentes parties, ciment plus dur que la pierre même. Par suite d'une erreur traditionnelle que l'ignorance des temps a propagée, laquelle fait attribuer aux sectateurs de Mahomet toutes les anciennes constructions du pays, ce mur s'appelle *mur des Sarrazins* (1).

En quittant le mur dit des *Sarrazins* pour revenir vers le village, on rencontre, derrière la place, un verger appelé *la Pâture-del-Tour*. Ce nom, d'accord avec une tradition encore vivante au siècle dernier, a donné la certitude qu'une tour y existait jadis. Mais à quelle époque remonte l'origine de cette tour? C'est ce qu'on ne sait. Si l'on s'en rapporte aux nombreuses fondations en maçonnerie cimentée dont le sol de cette pâture est sillonné, on doit penser qu'au temps des Romains, ou du moins à une époque très reculée, un poste militaire ou établissement quelconque existait en cet endroit; et ce qui semble le faire croire davantage encore, ce sont les ossements humains, les tombeaux en pierres bleues, qu'on a retrouvés, à différentes époques, dans une rue voisine appelée le *Trisson*. Peut-être ces tombes ont-elles servi à la sépulture des habitants de l'établissement qui s'élevait dans la *Pâture-del-Tour*, et que la place où elles ont été retrouvées était de leur temps un lieu

(1) Voyez *Floursies* et *Saint-Rémy-mal-Bâti*.

de sépulture compris dans l'enceinte de l'établissement même. Il serait difficile de dire combien de temps cet établissement resta debout, et quelle fut sa destination primitive. Cependant tout porte à croire qu'au moyen âge il fut le pied-à-terre des seigneurs suzerains de la terre de Dourlers et la demeure de leurs prévôts, prévôts dont quelques uns ont été enterrés dans l'église du village, qui est située à proximité de là (1).

Cette église, par son vieux clocher incliné sur sa base, par son apparence extérieure, ainsi que par quelques pierres sépulcrales, semble annoncer une origine très ancienne, du moins pour ce qui est du vaisseau principal de l'édifice. On voit sur sa façade, autrefois garnie d'un portail, à droite et à gauche de la porte, deux lignes ou espèces de solutions de continuité dues sans doute à des maçonneries rapportées l'une à côté de l'autre à différentes époques. Tout porte à croire que les collatéraux de l'église sont d'une construction postérieure à celle du corps principal de l'édifice. Au bout du collatéral de droite se trouve une chapelle dédiée à saint Médard, patron du lieu. Le millésime 1517 décore le plafond de cette chapelle, et au-dessus de cette date, qui paraît être celle de l'érection de la chapelle, se trouve écrit en lettres gothiques le mot *Hisman*, qui est probablement le nom de celui qui sculpta et peignit les décorations qui se font remarquer autour de l'autel et sur une partie du plafond.

L'église et la cure de Dourlers relevaient de l'abbaye

(1) Plusieurs épitaphes recouvrent la tombe de ces prévôts. L'une des plus récentes est conçue en ces termes : « *Icy repose le corps de demoiselle Marie l'Empereur, vesve de fei Michiel Préseau, en son vivant prévôt du sart de Dourlers, décédé le 30 novembre 1643.* » — Une autre beaucoup plus ancienne laisse seulement lire ces mots, écrits en caractères gothiques sur un des côtés : « *Prevost du sart de Dourlers qui trèspassa l'an XIIe LIII, le 15 du mois d'aoust.* »

d'Haulmont, qui en percevait la dîme, et l'acte le plus ancien des archives de ce monastère au sujet de ladite cure est une lettre de l'année 1211 de l'abbé Radulphus, qui mentionne l'acquisition d'un sixième tant de la grosse que de la menue dîme du lieu. Dès cette époque les revenus nets de la dîme de Dourlers se montèrent à 29 livres 4 sous 6 deniers. Plus tard on ajouta à ces bénéfices des biens et des rentes provenant du vicariat de Cambrai. L'abbaye décimatrice néanmoins finit par s'attribuer une bonne part desdites ressources, et, en 1446, elle se fit accorder, par un jugement, le tiers des produits de la menue dîme et la moitié des offrandes. Au 18e siècle, les émoluments du curé de Dourlers consistaient en une portion congrue de 240 florins (1).

Il y avait également dans les *Archives de l'abbaye d'Hautmont* plusieurs pièces relatives à un procès soutenu contre elle, sur la fin du 17e siècle, par le curé de Dourlers. Ce curé, appelé Denys Honoré, ayant fait bâtir de son seul chef sur le fonds du presbytère qu'il habitait, eut recours à l'abbaye décimatrice pour s'indemniser des frais que ces travaux avaient occasionnés. Mais les moines repoussèrent cette réclamation, et une sentence du parlement de Douai du 15 janvier 1696 statua que toute réparation ou construction faite sur une propriété par un tenancier ou locataire quelconque devait retourner à la charge de celui-là seul qui en avait pris l'initiative (2).

Ledit Denys Honoré était natif de la paroisse même qu'il administrait (3). Sa maison natale était située dans

(1) *Archives de l'abbaye d'Hautmont*. — *Statu generalis diocesis Cameracensis, anno* 1716. (Manuscrit communiqué.)

(2) Idem.

(3) Sa pierre tumulaire se voit encore le long de la nef de l'église du lieu.

un hameau qui se trouvait autrefois sur la lisière de la haie d'Avesnes, et dont il ne reste plus aujourd'hui la moindre trace. Les plus anciens prédécesseurs de Denys Honoré dont les actes de l'état civil contiennent les noms furent Valentin Herbecq, qui vivait sur la fin du 16e siècle, et Etienne Naveau. Sous le ministère de ce dernier, en 1620, le village fut ravagé par *les Mansfeld*, troupes étrangères qu'on désignait ainsi du nom de leur chef, le fameux Mansfeld, habile homme de guerre de l'époque (1). La cure et tout ce qu'elle comprenait fut alors entièrement brûlée, et en 1624 le curé Naveau obtint de l'abbé d'Hautmont 50 livres à titre de secours pour réparer les désastres qu'il avait essuyés en cette circonstance (2).

Dans le 18e siècle, la paroisse de Dourlers eut pour principaux desservants maître Antoine et M. de Roquiguy. Ce dernier avait été d'abord curé à Saint-Aubin, et son arrivée à Dourlers fut l'occasion d'une fête dont les circonstances donnèrent lieu à un procès assez surprenant. Par ce procès, les habitants de cette dernière commune furent condamnés par le prévôt de Maubeuge, pour s'être attroupés et avoir fait des honneurs à leur nouveau curé, en contravention à un arrêt du parlement de

(1) Pierre-Ernest de Mansfeld, surnommé l'*Attila de la chrétienté*, général célèbre, tour à tour au service de l'Espagne, de l'empereur et des protestants, avait été appelé d'Allemagne, en 1622, par le duc de Bouillon, au secours des calvinistes de France, que menaçait Louis XIII. Il fit alors une puissante diversion dans les diocèses de Verdun et de Rheims, de concert avec Christian de Brunswick, administrateur du duché d'Halberstadt. Il se rabattit ensuite sur la Belgique, dans l'intention de la traverser pour aller au secours des réformés de Hollande, et ravagea le Haynaut. C'est alors qu'il passa par Dourlers, où ses troupes se livrèrent à tous les excès. (*Biographie universelle*. — Lelong, *Histoire du diocèse de Laon*, p. 483.)

(2) *Archives de l'abbaye d'Hautmont.*

Flandre, rendu quelques années auparavant (1). En 1790, M. de Rocquigny, n'ayant pas voulu prêter serment à la constitution civile du clergé, fut dépourvu de sa cure. Il se retira dans une maison du village d'Esclaibes, où il vécut ignoré l'espace de quelques années. Il eut pour successeurs les sieurs Bonnaire et Wattier, charitables ministres de l'Evangile, dont les scrupules furent moins grands (2), mais qui, aussi, n'obtinrent jamais la confiance de la partie dévote de leurs paroissiens, lesquels se rendirent régulièrement, depuis, pendant longues années, pour remplir leurs devoirs religieux, à Saint-Aubin, dont le curé, pour avoir émigré au commencement de la révolution, leur paraissait plus légitime et plus sacré que ceux qui avaient accepté la constitution civile du clergé.

A l'extrémité orientale du village de Dourlers se trouve un bâtiment désigné sous le nom d'Hôpital du Mont-Dourlers. Il consiste en une chapelle de grande dimension surmontée d'un petit clocher, à laquelle est contigu un corps d'habitation occupé par un cultivateur. On ne connaît pas bien l'époque où fut fondé cet établissement religieux. On croit être certain que la chapelle existait déjà sur la fin du 16e siècle, et qu'alors un nommé Etienne Mailliard, et Cassine Leclercq, son épouse, y annexèrent une maison de refuge à l'entretien de laquelle ils

(1) Il est à remarquer que, dans cette affaire, les habitants de la partie du village qu'on appelle le Mont-Dourlers, s'étant abstenus de participer à la réception qui signala l'arrivée du curé, vinrent tous déposer comme témoins à charge, ce qui montre qu'alors, comme de nos jours, il y avait déjà division entre les deux moitiés de la commune. (*Archives de la prévôté de Maubeuge.*)

(2) Voici l'acte de la prestation de serment du citoyen Bonnaire, du 5 septembre 1792 : « Je jure d'être fidèle à la loi et de maintenir la liberté, l'égalité, ou de mourir en la défendant. » (*Archives municipales.*)

affectèrent des revenus en maison, biens et rentes. Les mayeurs et échevins de la commune de Dourlers et Saint-Aubin eurent l'administration de ces revenus par un acte que ratifia le grand-bailli du Haynaut, et par lequel lesdits mayeurs et échevins furent requis,.. « *sauf indemnité,... d'avoir sur le tout bon et soigneux regard tant pour l'entretènement d'une messe qui se devait dire chaque semaine audit hôpital, comme pour les pauvres y estre receus, logés et substantés* ». De cette destination affectée au logement des pauvres est venu le nom d'hôpital donné à cet établissement.

Dans la chapelle se trouvent les images de saint Eloi, de saint Sébastien, de saint Antoine, et celle de saint Julien, auquel elle est plus particulièrement consacrée. Ce saint, comme on le sait, est le patron des voyageurs, qui l'invoquent pour avoir un bon gîte, et la dédicace qui lui fut faite de cet asile religieux montre qu'il avait d'abord été destiné à donner un abri aux pèlerins et aux pauvres voyageurs qui passaient dans la contrée. Aujourd'hui ce saint n'est plus en vogue que pour les habitants du pays, qui *viennent le servir et qui font des neuvaines à son intention* pour obtenir la guérison d'un mal aux doigts qu'on appelle *mal Saint-Julien.*

En 1622, l'hôpital du Mont-Dourlers fut saccagé par les mêmes troupes que celles qui, comme nous l'avons vu plus haut, ruinèrent le presbytère de la paroisse, c'est-à-dire celles que Mansfeld, chef protestant, conduisit à travers le Haynaut. Ces bandes brûlèrent le logis et la chapelle, ainsi que les bâtiments de la ferme qui en dépendait. Rétabli onze ans après, cet établissement fut agrandi de quatre nouveaux lits, et un concierge y fut placé tant pour y recevoir les pauvres voyageurs que pour y sonner l'*Angelus* et les heures d'offices. Ces offices étaient principalement des *obits* qu'on y célébrait une fois chaque semaine. Parfois aussi on y chantait les Vêpres.

Durant les guerres de Louis XIV dans les Pays-Bas, l'hôpital du Mont-Dourlers fut de nouveau dévasté et ravi pour quelque temps à sa charitable destination. Depuis, il fut rétabli pour les infirmes et les vieillards indigents seulement, lesquels y étaient nourris, logés et médicamentés. Il continua à en être ainsi jusqu'à l'époque de la révolution française. Alors le chapelain qui y résidait pour exercer les fonctions d'économe, y desservir la chapelle, et remplir, en un mot, au spirituel comme au temporel, les intentions des fondateurs, fut supprimé. Les biens de l'hospice furent confondus avec ceux des pauvres de la commune et confiés à l'administration du bureau de bienfaisance, qui, toutefois, n'oublie pas de faire célébrer les *obits* accoutumés dans l'église paroissiale, en faveur des pieux auteurs de la fondation (1).

La suppression des offices religieux à l'hôpital du Mont-Dourlers, ainsi que celle du vicaire qui y remplissait les fonctions de chapelain, a toujours été vue de mauvais œil par les habitants de cette partie du village, qui, pendant long-temps, conservèrent l'espoir que la chapelle serait rendue, en leur faveur, à la célébration de l'office divin. Mais quand, en 1840, ils virent suspendre au-dessus de la mairie du village l'ancienne cloche de l'hôpital, ils ne purent se défendre d'une certaine émotion. Sans doute cette émotion fut le germe de la division dont le feu, si long-temps couvert, a fini par éclater, il y a quelques années, pour une raison de ducasse. Aujourd'hui le Mont-Dourlers a brisé son entente cordiale avec le centre du village, et forme une jeunesse à part

(1) *Archives du Nord*, nouv. série, t. 5, p. 431.

qui ne prétend pas participer aux mêmes amusements et aux mêmes frais que ceux de la jeunesse rivale.

A peu de distance de l'hôpital du Mont-Dourlers se trouve une maison isolée appelée l'Hermitage. Ce local a-t-il servi d'habitation à un hermite ? C'est ce qu'on ne sait. Ce qui est certain, c'est qu'il est d'une origine assez ancienne et probablement antérieure au millésime 1619, qu'on remarque sur un écusson que supporte une pierre placée au-dessus de la porte d'entrée. Aujourd'hui ce bâtiment est une clouterie.

Ladite clouterie n'est pas la seule qu'on rencontre dans le village. En 1815, lors de la séparation de la Belgique d'avec la France, un industriel de Charleville, qui s'était établi aux environs de Charleroy , transporta son établissement à Dourlers, et depuis ce temps il s'est élevé dans cette commune un nombre considérable d'ateliers pour la fabrication de toute espèce de clous. Ces clouteries travaillent en grande partie pour l'établissement principal appelé *la fabrique*, lequel est situé derrière l'hôpital du Mont-Dourlers.

La fabrique du Mont-Dourlers commence cette série de maisons bien bâties , d'un aspect plutôt citadin que champêtre, qui s'étendent sur toute la longueur du village. Parmi ces maisons, il y en avait eu jusqu'à présent au Mont-Dourlers un certain nombre dont les toits de paille faisaient interruption à la ligne de couvertures en ardoises qui est répandue dans toute la commune ; mais, à la suite du terrible incendie qui, le 19 mars 1847, brûla toutes ces maisons, elles ont été exhaussées et couvertes de la même façon que la plupart des autres. La réparation des désastres causés par cet incendie fut une occasion qui, comme tant d'autres, montra les sentiments de bienfaisance et de fraternité qui animent la population de Dourlers. Les malheureuses victimes du feu n'éprouvèrent aucune perte : leurs frères du lieu les dédommagèrent amplement par des dons de toute sorte. Les uns ouvrirent largement leur bourse, les autres firent abattre dans leurs propriétés tout le bois nécessaire à la reconstruction des charpentes, des meubles et des portes. Les voituriers transportèrent les matériaux gratis, et il y eut jusqu'aux ouvriers maçons, charpentiers et manœuvres, qui travaillèrent généreusement à corvée. Le marquis de Nédonchel, propriétaire le plus considérable du village, fit en cette occasion don d'une valeur de passé mille francs, dont la moitié en bois.

Il y a au centre du Mont-Dourlers une maison de nouvelle construction, entourée d'une cour fermée et de plusieurs ateliers en état de chômage. Cette maison a pris le nom de *mécanique*, à cause de la fabrication qui y fut faite, il y a douze ans, de clous à fer froid au moyen de machines d'origine anglaise. Derrière ce bâtiment le ruisseau de la fontaine Saint-Eloi serpente au milieu d'une suite de prairies parsemées d'arbres fruitiers. De vieux saules, aux troncs creusés par le temps, apparaissent en cet endroit le long du ruisseau, laissant flotter au gré des vents leur chevelure touffue. En 1794, on retrouva dans le creux d'un de ces saules le cadavre d'un grenadier hongrois qui, lors de la bataille de Wattignies, s'y était caché pour se dérober aux balles françaises, et qui, n'ayant pu se retirer, y était mort de faim.

En suivant le vallon riant qu'arrose le ruisseau de la fontaine Saint-Eloi, on longe, au sud, la commune de Dourlers dans sa plus grande étendue, et, derrière la place du village, au moment où le ruisseau s'apprête à faire un coude pour se joindre à celui de la *Bracqnière*, on se trouve au pied du château, ancienne résidence des comtes de Normont, espèce de maison de campagne, composée principalement d'un corps de logis de forme rectangulaire, et à laquelle une ferme se trouve annexée (1).

Le château de Dourlers n'est pas très ancien. Il fut construit dans les premières années du 18e siècle par Pierre Bady, écuyer, personnage originaire du comté de Namur, qui, peu de temps auparavant, avait acquis la terre et seigneurie du lieu, avec tout ce qui en dépendait.

Avant d'être acquise par Pierre Bady, la terre de Dourlers avait passé dans une foule de mains. Dans le 12e siècle, elle paraît avoir fait partie du domaine des seigneurs d'Avesnes. Guy, quatrième fils de Jacques d'Avesnes, à qui furent cédées en partage les terres qui se trouvaient au nord de la haie d'Avesnes (2), semble l'avoir certainement possédée. En 1254, Jean, fils de

(1) Selon toute apparence, le château de Pierre Bady fut élevé à côté de l'ancienne demeure seigneuriale de Dourlers, demeure dont les débris auront servi de matériaux pour la construction de l'habitation nouvelle. Les nombreux fondements de vieilles maçonneries qu'on rencontre au nord du château actuel, dans une pâture que les fragments de murailles qui l'entourent ont fait surnommer *pâture emmurée;* les traces d'une allée pavée et les torillons d'une grande porte qui ont été retrouvés en face de cette pâture, en ligne directe avec la porte de l'église, font supposer que là se trouvait l'ancienne maison seigneuriale, dont la basse-cour, d'après cette hypothèse, a dû être la ferme avec laquelle ont été formées les habitations qui s'interposent aujourd'hui entre la place du village et ladite pâture *emmurée*. Cette ferme appartenait effectivement autrefois aux seigneurs de Dourlers, et, ainsi que leur ancienne demeure, elle paraît clairement désignée par un passage que nous avons extrait d'un titre inséré dans les registres de la cour féodale de Mons à la date de 1621. Par ce passage, Antoinette de Lestang, dame d'Aimeries, fait déclarer par son greffier : *qu'elle a hérité de son neveu Philippe de Lestang, entre autres biens, un fief consistant en château, basse-cour et jardin gisant à Dourlers, à l'opposite de l'église dudit lieu.*

(2) Jacques de Guize, t. 14, p. 273, 274.

Bouchard d'Avesnes, la tenait en fief, ainsi que celle d'Etrœungt, de Gauthier II, son oncle, lequel, selon toute probabilité, en avait fait le retrait à la mort de Guy. Il la céda cette année même en apanage à Bauduin, son frère cadet (1). En 1272, Jean II, comte de Haynaut, fils aîné dudit Jean d'Avesnes, ratifia ladite donation et en fit exécuter les clauses par un acte qui est demeuré dans le *Trésor des Chartes de la province du Haynaut* (2). Par cet acte, Jean II déclare que : par accord fait entre son père, d'une part, et Bauduin d'Avesnes, seigneur de Beaumont, son oncle, d'autre part, il a été convenu que Bauduin devait avoir pour lui et ses hoirs, en franc héritage, toute *la ville de Dourleïs* et ses dépendances, avec trois cents livres, monnaie de Haynaut, par an, à prendre sur le vinage d'Avesnes, plus la *ville de Beaufort*, ainsi que le bois de Maubeuge, que Marguerite de Flandre, son aïeule, possédait avec l'abbesse du chapître Sainte-Aldegonde, en tout 500 bonniers, plus enfin la ville et châtellenie de Beaumont, les bois de Fagne, de Vicoigne, *la ville de Raismes* avec ses dépendances, etc., etc. Les droits affectés à la possession de ces terres sont stipulés dans cet acte, ainsi que les formalités et garanties nécessaires à la validité de la donation.

De Bauduin d'Avesnes, comte de Beaumont, la terre de Dourlers, avec celles auxquelles elle se trouvait annexée, passa à sa fille Béatrix, mariée au duc de Luxembourg, qui les transmit à ses deux fils Henri et Wallerand, tandis que celle de Beaumont, avec Beaufort, retournait au comte de Haynaut (3).

(1) *Archives de la pairie d'Avesnes.*

(2) Voyez à la fin de notre notice ce titre, l'un des plus importants de l'époque.

(3) Voyez *Beaufort* dans nos *Recherches sur Maubeuge et son canton.*

Henri et Wallerand étant morts, le fils du premier, Jean, roi de Bohême, comte de Luxembourg, vendit en 1334 lesdites terres au comte de Haynaut, moyennant 7,000 florins. Elles ne restèrent toutefois pas longtemps en possession des comtes de Haynaut, car, en 1370, elles étaient encore possédées par un membre de la maison de Luxembourg, Wenceslas, roi de Bohême. En 1372, Charles IV, empereur d'Allemagne, et son fils, déclarèrent que, dans le cas où ledit Wenceslas, leur frère et oncle, mourrait sans postérité, les villes et châteaux de Raismes, Aimeries, Pont, Sart-Dourlers, Hargnies, etc., dont il était seigneur, reviendraient aux comtes de Haynaut (1). Elles leur retournèrent effectivement, et, de ceux-ci, elles passèrent à Louis, roi titulaire de Jérusalem, de Naples et Sicile, duc d'Anjou, comte de Provence, etc., etc., qui en fit relief en 1407 (2). En 1430, René, duc de Lorraine et de Bar, fils dudit Louis d'Anjou, qui en était possesseur, ayant négligé d'en faire le relief au duc de Bourgogne, de qui elles relevaient, comme avoué et souverain du Haynaut, celui-ci en donna l'usufruit à Nicolas de Rollin, son chancelier, en récompense des bons services qu'il en avait reçus (3). Quelque temps après, ledit chancelier acheta ces mêmes terres, dont il n'était que l'usufruitier, à leur propriétaire légitime, et les releva en 1434 du duc de Bourgogne.

Les terres de Raismes, d'Aimeries et de Dourlers, avec leurs dépendances, demeurèrent dans la famille de Nicolas de Rollin jusqu'à la mort de son arrière-petite-fille, Anne de Rollin, qui, étant morte sans enfant,

(1) Saint-Génois, *Monuments anciens*, p. 398.

(2) Idem.

(3) Vinchant, *Annales du Haynaut*, p. 387. — Lelong, *Hist. du diocèse de Laon*, p. 401.

laissa celle de Raismes à sa cousine, Jeanne de Rollin, mariée au seigneur de Cernage et de Soffreville, tandis que celle d'Aimeries, avec Pont, Quartes, Hargnies, Estrée, Pantignies, etc., et Dourlers, passait aux mains de son autre cousine, Magdelaine, mariée au comte d'Espinac. Antoinette d'Espinac, issue de ce mariage, transporta par alliance ces mêmes terres d'Aimeries, Pont, Quartes, Dourlers, dans la maison de Sainte-Colombe (1), d'où elles sortirent bientôt pour passer, également par alliance, dans celle des de Lestang. En 1635, le baron de Virieu les possédait du chef de dame Antoinette de Lestang, son épouse (2). Cette même année, lors de la conquête du Haynaut par les généraux de Louis XIII (3), elles furent momentanément saisies par ce prince pour défaut de relief, puis bientôt après récupérées par Antoinette de Lestang (4).

Quelque temps après, les terres d'Aimeries et de Dourlers, si long-temps réunies, passèrent, la première, dans la maison des sires du Rocca, et la seconde dans

(1) *Collection de généalogies de la pluspart des maisons et familles de la province de Haynau, recueillies par J.-B.-J. Laisné.* Manuscrit en 2 v. in-fol., à la bibliothèque de Mons.

(2) Idem. — Titre extrait du greffe féodal de la province de Haynaut, *Registre des reliefs de fiefs,* année 1622.

(3) Cette conquête marqua les débuts de la période française de la guerre de Trente ans, dont la fin fut illustrée par les brillantes victoires du grand Condé. Durant le siége de Landrecies, qui eut lieu deux ans après le commencement des hostilités, le général Gassion, qui avait ravagé tous les villages du pays, fut défait dans les bois de la haie d'Avesnes, au sud de Dourlers, où il perdit la moitié de son régiment. (*Histoire de Gassion.*) Voyez nos notices sur Maubeuge et Obrechies.

(4) Comptes de la terre de Dourlers à la Chambre des comptes de Lille, p. 346. — La tombe d'Antoinette de Lestang se voit encore aujourd'hui dans l'église de Dourlers, où elle fut enterrée à gauche de l'autel, en 1635.

celle d'Esclaibes. Celle-ci achetée, en 1663, à Marguerite de Lestang, par Nicolas Préseau, d'Avesnes, fut revendue, l'année suivante, par ce dernier à Charles-Ernest d'Esclaibes, seigneur de Sableux, baron du Fay, général de bataille de Sa Majesté catholique, et gouverneur de Bruxelles (1). A la mort de ce seigneur, la terre de Dourlers, considérablement grevée, fut mise en vente par sa fille, Isabelle-Ansterberthe, mariée à Henri de Croonendael, vicomte de Vlieringhe, etc. C'est alors qu'elle fut acquise (voyez ci-dessus) par Pierre Bady, qui s'engagea à liquider toutes les charges, rencharges et inscriptions qui, depuis plus de quatre-vingts ans, avaient été prises sur ladite terre. En 1709, ces obligations ayant été remplies, Isabelle de Croonendael, héritière des droits de sa mère, la vicomtesse de Vlieringhe, ratifia l'acte de vente passé par Pierre Bady, et lui abandonna définitivement la libre possession des biens que cet acte concernait (2).

Peu de temps auparavant, en 1693, Pierre Bady avait acquis la terre d'Aimeries de mademoiselle Claude du Rocca, moyennant 98,454 florins, outre une rente annuelle de 2 muids de froment et de 7 rasières et demie d'avoine. Cette terre, indépendamment d'Aimeries, Hargnies, Pont, Quartes, Pantignies, Estrée (3), comprenait

(1) Comme on peut le voir par deux actes déposés au tabellion d'Avesnes.

(2) Voyez à la fin de cette notice, dans les pièces justificatives, l'acte de cession définitive de la terre de Dourlers, par Isabelle de Croonendael, acte que nous avons trouvé dans les *Archives de la prévôté de Maubeuge* avec une foule de titres relatifs à la terre de Dourlers.

(3) *Quartes* est la partie du village de Pont-sur-Sambre où se trouve située l'église. Le pèlerinage à Notre-Dame-de-Quartes a long-temps été en vogue dans tout le Haynaut. Ce lieu est désigné, dans l'Itiné-

alors aussi le bois Leroy et la Porquerie, fief lige du comté de Berlaimont (1). Celle de Dourlers, outre Semousies, Floursies, Saint-Aubin, Dourlers, son château et sa basse-cour, avec tous les droits seigneuriaux (2), comprenait également la seigneurie d'Ecuélin, renfermant une maison de cense avec jardin, prés, pâture, etc., plus la ferme de Mécrimont, le petit bois Leroy et celui du Hallois, évalué à une superficie de 14 muids (3).

C'est à l'aide des bénéfices considérables que Pierre Bady avait réalisés dans l'entreprise des fortifications de Maubeuge et de l'approvisionnement de l'armée française, de 1678 à 1692, qu'il put acquérir les terres d'Aimeries et de Dourlers. Ce personnage, fils d'un petit gentilhomme de Damprémy, près Charleroy, dont la noblesse n'était guère prouvée que jusqu'au 15e siècle, devint ainsi l'un des premiers feudataires de la province du Haynaut. A ces avantages, il joignit bientôt l'office de conseiller secrétaire du roi, maison et couronne de France et de ses finances, puis le titre de chevalier de l'Épe-

raire d'Antonin, sous la dénomination de *locus quartensis*. — *Pantignies* est un hameau dépendant aussi du village de Pont. — *Estrée* est un autre hameau dépendant de Bachant. Il fut, jusqu'au 18e siècle, le chef-lieu d'une paroisse dont dépendait Bachant.

(1) La Porquerie n'est plus maintenant qu'une ferme située dans la partie sud-ouest du territoire de Pont. Au moyen âge elle était sans doute une demeure seigneuriale ; du moins il est question, dans l'*Histoire du Haynaut*, d'un Guillaume de la Porquerie qui alla à la croisade avec Baudouin VI, comte de Flandre et de Haynaut, empereur de Constantinople. (Hossart, p. 366.)

(2) Les droits seigneuriaux de la terre de Dourlers à cette époque se composaient des droits et priviléges d'aubaineté, de bâtardise, mortemain, de basse, moyenne et haute justice, de terrage, cens annuel, rentes d'avoine, d'argent, chapons, poules, pains, etc. (*Registre des reliefs.*)

(3) *Registre des reliefs de fiefs*, au greffe féodal du Haynaut, année 1621. — Chambre des comptes.

ron-d'Or et de comte du palais de Latran, qui lui fut décerné par le nonce du pape (1). Il mourut en 1715, laissant, outre une fille, deux fils, dont l'un, Nicolas-Charles-Joseph Bady, fut la tige des seigneurs d'Aimeries; tandis que l'autre, Antoine-François Bady, donna naissance à la branche des seigneurs de Dourlers (2).

Les seigneurs de Dourlers, depuis Antoine-François Bady jusqu'à nos jours, comptent trois générations, représentées par Antoine-François Bady lui-même, par Antoine-Joseph Bady, et par Charles Bady, qui furent les aînés de chacune de ces générations.

Antoine-François Bady, marié à Marguerite de Rouillon de Castagne (3), fut nommé grand-bailli et prévôt de la terre et pairie d'Avesnes, charge qu'il transmit à ses descendants. Outre la terre de Dourlers, qu'il tenait de son père, il posséda aussi celle d'Arbre, que sa femme lui avait apportée en dot, puis celles de Normont et de Rouville, qu'il avait acquises (4). Il mourut à Dourlers en 1735, et fut enterré dans un caveau pratiqué exprès sous le chœur de l'église. Il eut onze enfants, dont sept garçons et quatre filles. Parmi les filles, la deuxième, connue sous le

(1) C'était un ordre militaire dont l'institution est attribuée au pape Pie IV. Son nom lui vient de ce que la croix, signe de cet ordre, supportait un éperon d'or. Les nonces et d'autres prélats du Saint-Siége avaient le droit de créer chacun deux chevaliers de l'Éperon et de leur conférer le titre de comte de Latran. (Moréri, t. 4, p. 122, 2e série.)

(2) Voyez, pour la filiation des comtes de Normont jusqu'à 1789, l'excellente brochure publiée en 1845 par M. Michaux aîné, dans l'*Echo de la frontière*.

(3) Elle était issue de François Rouillon, dit *Castagne*, seigneur d'Arbre, près Namur, et bourgmestre de cette ville.

(4) Normont est une terre en Belgique; et Rouville, une ferme du village de Prisches, laquelle formait autrefois un fief relevant de la terre et pairie d'Avesnes.

nom de mademoiselle de Saint-Aubin, et la troisième, sous celui de mademoiselle de Floursies, moururent célibataires; les deux autres furent mariées, l'une, à l'un de ses cousins d'Aimeries, et l'autre au marquis de Culant, mestre-de-camp de dragons, dont les enfants moururent sans postérité. Des sept fils, trois seulement atteignirent l'âge d'homme. Ce furent : Antoine Bady, Bertrand Bady, et François Bady. Tous trois embrassèrent la carrière des armes et assistèrent aux différentes campagnes qui signalèrent la guerre de la succession d'Autriche, ainsi que celle de sept ans. Les deux premiers devinrent capitaines dans le régiment de Rohan-infanterie, et l'autre, lieutenant dans le même corps. Ils furent présents à la bataille de Dettingue, et, tandis que le plus jeune périssait dans l'action, le second recevait à la clavicule droite un coup de feu qui le rendit estropié toute sa vie. Aussi, ayant succédé à son frère aîné, en 1780, dans la terre de Dourlers, le roi de France, comme récompense de ses services, lui donna, outre la croix de Saint-Louis, des lettres patentes par lesquelles il érigeait les terre et seigneurie de Dourlers, Floursies, Saint-Aubin, Semousies, et hameaux en dépendant, en un comté sous la désignation de comté de Normont (1).

Bertrand Bady de Normont eut de Marie Françoise de Bande de Rainsars (2), qu'il avait épousée en 1750, trois

(1) Les Bady, qui, depuis que Pierre Bady avait été créé comte du palais de Latran, avaient toujours porté la couronne de comte, ajoutèrent à cette couronne, par suite de leur nouvel anoblissement, les armes suivantes : — *Ecu:* d'azur à un lion d'or tenant à la patte droite une clef à l'antique de même. *Support :* deux griffons d'or ayant la tête couronnée, langués et onglés de gueules.

(2) Cette dame était fille de Ferdinand-Joseph, baron de Bande, seigneur de Rainsars, Bréaugies (hameau de Bellignies), Beaurieux, etc., endroits dont les terres devinrent depuis la propriété de ses enfants.

enfants, savoir : Charles et Bertrand Bady, et une fille, Marie-Ferdinande, dame de Beaurieux, morte célibataire au château de Quiévrechain, en 1806.

Charles Bady, l'aîné, hérita de la terre de Dourlers, Saint-Aubin, Floursies, Semousies, Arbre, etc., puis du titre de comte de Normont, tandis que son frère, seigneur de Rainsars, de Beaulieu, de Marolles, s'appela, tout court, chevalier de Normont. Les deux frères prirent chacun du service et devinrent, le premier, capitaine du régiment de royal-dragons, tandis que l'autre, soldat à seize ans, obtint en 1791, au bout de cinq ans de services, le grade de capitaine dans le régiment des cuirassiers du roi. Alors il était en garnison à Moulins, en Bourbonnais. Le lendemain de l'arrestation de Louis XVI à Varennes, cédant à l'entraînement qui poussait toute la noblesse de France vers l'émigration, il s'expatria et se rendit à l'armée de Condé.

Son frère était rentré dans ses foyers quelque temps avant la révolution. Lorsque ce grand événement éclata, il ne crut pas, lui, devoir s'expatrier. Ayant beaucoup plus à perdre que son frère, il demeura tranquillement dans sa terre.

Cependant l'effervescence du moment faisait croire que les paysans des quatre villages qui l'entouraient, à l'exemple de ceux du reste de la France, exerceraient contre lui des menaces et des persécutions. Des actes d'audacieuse résistance avaient même déjà eu lieu quelques années avant 89 de la part d'un meunier de Saint-Rémy (1), du fermier de la dîme de Saint-Au-

(1) Ce meunier, appelé Monchy, avait eu l'occasion de sauver la vie, étant à l'armée, à un grand de la cour, M. de Clermont-Tonnerre. Fort de cette protection, il se faisait un plaisir, chaque fois que le seigneur de Dourlers tenait les eaux dans ses prairies de Saint-

bin (1), et d'un boulanger de ce dernier endroit, le sieur Balleux, qui soutint et gagna contre son seigneur un procès devant le parlement de Douai, à l'occasion du droit de moûture. Tout faisait croire qu'au milieu de la première effervescence, les vassaux du comte de Normont, déchaînés plus que jamais, et désormais affranchis de toute crainte, iraient plus loin encore avec lui. Mais, à l'exception de ceux de Saint-Aubin (2), il n'en fut pas ainsi. L'attitude du comte de Normont, il faut le dire, fut aussi alors pleine de réserve, et même d'une certaine habileté. Au lieu de contrarier le mouvement révolutionnaire dans la contrée qu'il habitait, il parut au contraire s'y associer. Il accepta d'abord le titre de commandant de la garde nationale, et figura en 1792 au nombre des douze notables de la municipalité de Dourlers. Il se rendit, de plus, acquéreur de biens nationaux, entre autres d'une ferme, sise à Liessies, qui avait appartenu aux moines de ce lieu. La révolution jusque-là ne dut point lui causer des contrariétés bien amères : car, si elle lui avait fait perdre ses titres et ses priviléges, elle lui avait, en compensation, fourni, comme on le voit, l'occasion d'agrandir ses domaines.

Aubin, d'aller couper les digues à coups de hache, afin qu'elles ne soient point un obstacle à l'alimentation de son moulin.

(1) Ce fermier, nommé Piérart, chasseur intrépide, coucha un jour en joue le comte de Normont, qui, l'ayant surpris à chasser, voulait tuer son chien. Le seigneur fut tellement intimidé par cette attitude résolue, que non seulement il laissa passer librement l'audacieux chasseur, mais encore ne manqua jamais, désormais, de l'inviter à ses parties de chasse.

(2) En 1789, une partie des habitants de Saint-Aubin, conduits par quelques hommes déterminés, s'en vinrent, quelques jours après la nouvelle de la prise de la Bastille, faire irruption dans le château, que le seigneur épouvanté abandonna, par une fuite prompte, à leur discrétion. Ils arrachèrent alors, dans la cour, plusieurs sapins superbes, dont un leur servit comme arbre de la liberté. (Communiqué.)

Mais avec la marche des événements sa position finit par devenir dangereuse. En 1793, il fut, de la part du district d'Avesnes, l'objet d'une surveillance ombrageuse et menaçante, et l'on voit par les actes de la municipalité de Dourlers que deux certificats de résidence furent envoyés par elle audit district dans les mois de février et de juillet 93 (1). Mais ces certificats n'auraient point suffi pour le rassurer dans ses inquiétudes sans le bon vouloir des habitants de son endroit, qui, généralement, eurent à son égard une conduite toute bienveillante et toute pacifique. Cependant, au mois de septembre de la même année, il lui fut enjoint de se rendre dans l'intérieur de la République, afin d'y être soumis à une haute surveillance spéciale. Cette mesure avait été provoquée par suite de la présence de l'ennemi sur la frontière, et la crainte qu'il n'eût des intelligences avec les seigneurs du pays. Le comte de Normont, malgré le péril qu'il devait en attendre, obtempéra sur-le-champ aux ordres de l'autorité, et se rendit à Laon. Mais là, tout lui apparut sous le plus sombre aspect. La France était arrivée au paroxisme de la subversion, et le système de la terreur au dernier degré de rigueur. Les exécutions se multipliaient de plus en plus sur les échafauds révolutionnaires. Pour devenir leur proie, il ne fallait plus seulement être accusé d'avoir conspiré contre la République ou contredit le parti dominant; des titres, un rang, de la fortune, suffisaient pour encourir la mort.

Le comte de Normont fut alors ébranlé dans sa constance, et résolut de se rapprocher de la frontière. Il sauta par la fenêtre d'une maison de Laon où on le gardait à vue; et, à la faveur de la nuit, il gagna les environs

(1) Communication particulière. *Archives de la mairie de Dourlers.*

de cette ville. S'étant foulé le pied en s'évadant, il eut la plus grande peine d'aller plus loin, et ce ne fut que grâce aux efforts de Michaux, son valet de chambre, qui l'avait accompagné, qu'il parvint à se traîner sur la route de Vervins. Après quelques jours d'une marche pénible et dangereuse, par des chemins détournés, les fugitifs arrivèrent à Rainsars, où le comte de Normont trouva chez des personnes dévouées à sa famille des soins qui le remirent de sa blessure et de ses fatigues. Peu après, il résolut de reprendre sa marche vers la frontière, en dehors de laquelle il n'espérait plus aucune sécurité. Le 13 octobre, deux jours avant la bataille de Wattignies, il arrivait à Liessies en même temps que les troupes du général Beauregard, qui marchaient à l'aile droite de l'armée de Jourdan, et prenait un gîte dans la ferme qu'il avait achetée dans ce village lors de la vente des biens du clergé. Mais là, il fut reconnu par un jeune homme d'Avesnes nommé Mathon, qui faisait partie d'un régiment de dragons. Tremblant d'être dénoncé, le comte de Normont résolut aussitôt de quitter les lieux. A l'aide des habits de son domestique, il sortit de la ferme, gagna le village de Sivry, d'où il se rendit à Bruxelles, puis à Hambourg, où il se fixa momentanément (1).

Tandis que le seigneur de Dourlers s'éloignait ainsi de la France, de grands événements s'accomplissaient dans les villages mêmes de sa seigneurie. L'ennemi avait passé la *Sambre*, et s'était répandu dans toute la contrée. Maubeuge avait été bloqué étroitement, et la plus grande partie de l'armée autrichienne, commandée par

(1) La conduite de Michaux, grâce à la discrétion de Mathon, ne fut point alors connue, si bien qu'il put rejoindre son maître, qui, plus tard, fut à même de lui marquer sa reconnaissance.

le général Clerfayt, lieutenant du prince de Cobourg, était venue bivouaquer sur les hauteurs environnées de bois qui dominent toute la vallée du *Tarsy*, depuis Leval, près Berlaimont, jusqu'à Floursies. Dourlers, qui, au moment de l'irruption de l'ennemi, avait été visité par les dragons de Latour, qui y avaient fait abattre l'arbre de la liberté, le fut ensuite très fréquemment par les soldats du corps d'armée qui avait assis son camp près du bois d'Eclaibes. Depuis le 28 septembre jusqu'au 15 octobre, les soldats de ce corps d'armée se rendirent continuellement dans les quatre villages pour y piller, notamment des bestiaux et autres objets de vivres.

Nous avons raconté ailleurs les événements qui, dans le pays, précédèrent la bataille de Wattignies. On sait que les ennemis, pendant les deux semaines que dura le blocus de Maubeuge, n'osèrent jamais s'écarter de leurs cantonnements, et se bornèrent à occuper un pays ruiné par les réquisitions militaires, sans jamais oser envoyer fourrager au-delà. Cependant tout le bétail des villages qu'arrosent la grande et la petite *Helpe* se trouvait, ainsi qu'un nombreux convoi de farines, rassemblé dans les fossés et sur les glacis de la ville d'Avesnes, où il y avait seulement trente hommes de garnison. Mais cette place fut si peu inquiétée, que ces trente hommes osèrent chaque jour venir se poster en observation à la *cense à Longe*, comme pour défier les Autrichiens qu'ils apercevaient sur les hauteurs opposées.

Le 13 et le 14 octobre, lorsqu'on eut connaissance de l'approche d'une armée française, les Autrichiens s'empressèrent de descendre dans le centre des villages de Leval, du Monceau, de Saint-Rémy-Chaussée, de Saint-Aubin, de Dourlers, de Floursies et de Wattignies. Là, coupant les routes et barricadant toutes les issues par des abattis d'arbres et d'autres objets, ils se retranchèrent derrière les habitations, et à la faveur des nombreux chemins couverts qui s'y trouvent, après avoir porté sur les hauteurs et à l'entrée des principales avenues de nombreuses pièces d'artillerie. A Dourlers, servis par la nature du terrain, leurs dispositions furent formidables, et ils allèrent jusqu'à mettre en réquisition les habitants du lieu pour abattre des arbres et faire des terrassements. Les précautions et la défiance qu'ils montrèrent au milieu de ces préparatifs furent si grandes, qu'ils prirent pour espions deux pauvres habitants du village que la curiosité avait attirés dans une prairie au milieu d'un détachement de Croates. Ces malheureux furent, malgré leurs protestations d'innocence, chargés de fers et dirigés sur Valenciennes, où ils traînèrent le boulet. Depuis, on n'en a plus jamais entendu parler.

Dans la journée du 14, les Français parurent tout-à-coup aux yeux de l'ennemi. Le général Jourdan, accompagné de Carnot, directeur suprême des forces de la République, déboucha par la cense à Longe, entouré de son état-major et d'un nombreux piquet de cavalerie, pour reconnaître le terrain. Il parcourut tout l'espace qui longe la lisière de la haie d'Avesnes, à deux kilomètres des avant-postes autrichiens, et, à l'instar de ces derniers, il fit percer de nombreuses trouées au milieu des haies vives qu'il rencontra, afin de faciliter le passage de son artillerie et de sa cavalerie. Aujourd'hui encore, la trace de ces trouées se révèle, en différents lieux, par des interruptions dans les haies, aux lignes de charmes dont les troncs séculaires sont faciles à distinguer d'avec les jeunes pousses qui ont recouvert la place des arbres abattus par les ordres de Jourdan.

Le lendemain, 15 octobre, à la pointe du jour, l'armée

française vint occuper, sur le front de la ligne ennemie, les positions qui lui avaient été assignées. Tandis que les deux ailes se portaient, l'une à l'attaque de Wattignies, et l'autre à celle des hauteurs de Saint-Rémy et du Monceau, le centre, sous les ordres du général Balland, occupait les hauteurs qui se trouvent au sud des villages de Saint-Aubin, Dourlers et Semousies. Au moment où cette division se déployait dans la plaine, les soldats qui la composaient rencontrèrent quelques habitants de ces villages qui s'étaient sauvés avec tous leurs bagages pour se soustraire au pillage et aux brutalités de l'armée autrichienne. « Nous allons vous venger, leur dirent les soldats républicains ; dans vingt-quatre heures nous aurons fait déguerpir l'ennemi et reconquis vos foyers, foi de patriotes ! »

Comme on le sait, le conventionnel Carnot, dont les volontés étaient toutes-puissantes, voulut alors porter sur Dourlers toute l'importance de l'action. Percer l'ennemi par la grand'route, faire converger nos deux ailes sur un point de cette grand'route, derrière le centre de l'ennemi, et marcher de là sur Maubeuge, tel était son plan. Ce plan fut d'abord suivi, malgré la vive opposition qui lui fut faite par le général Jourdan. Il pouvait réussir si les ordres de Carnot eussent été effectués sur toute la ligne. Les deux ailes de l'armée, après s'être emparées des positions qui leur avaient été indiquées, devaient, paraît-il, se rabattre, à la faveur des bois, derrière le centre autrichien, qui, ébranlé par cette manœuvre, n'aurait pu se soutenir à Dourlers en face du général Balland. La marche de ces ailes, composées de nouvelles levées, devenait peu dangereuse au milieu d'un terrain couvert qui les dérobait aux attaques de la cavalerie, principale force de l'armée autrichienne. Mais l'impéritie du général Fromentin fit manquer les conceptions de Carnot et fut cause du blâme que quelques historiens, mal renseignés sur la nature des lieux et sur les ordres donnés, ont fait peser sur ce républicain illustre. Fromentin, après s'être emparé des hauteurs du Monceau et de Saint-Rémy, devait, d'après les prescriptions du général en chef, se rabattre sur Ecuélin et Limont, à la faveur du grand bois Leroy et des vergers qui l'avoisinent. Enivré par le succès, il se déploya, au contraire, imprudemment, dans la plaine qui se trouve à l'ouest, où ses bataillons, composés des réquisitionnaires de nouvelle levée, ne purent tenir contre la cavalerie autrichienne, ce qui compromit tout le succès de la journée.

Quoi qu'il en soit, Dourlers fut attaqué avec furie par nos valeureux volontaires, qui, s'élançant, au chant de la *Marseillaise* par les issues qui donnent accès au village, renversèrent tout devant eux. Chassés une première fois des positions qu'ils avaient enlevées, ils les reprirent une seconde fois, puis une troisième, avec une bravoure et un acharnement sans exemple. Au moment de commencer la troisième attaque, le général Jourdan s'opposa, comme on sait, à ce qu'elle eût lieu : pour lui le succès de la bataille dépendait de la prise de Wattignies, tandis que l'attaque de Dourlers n'était, à ses yeux, qu'une boucherie inutile à la suite de laquelle nous ne pouvions pas l'emporter. Traité de lâche par Carnot, il s'était jeté, plein de rage, le sabre à la main, à la tête des colonnes d'attaque qui devaient une dernière fois emporter le village, et cela, sans plus de succès que dans les deux premières, pour s'y maintenir (1).

(1) Voyez, pour les faits généraux de ce combat, ainsi que pour tout ce qui se rattache à la bataille de Wattignies, nos *Recherches sur Maubeuge, son canton*, etc.

Le carnage fut horrible dans ces tentatives obstinées, et, lorsque la nuit vint à couvrir le champ de bataille de ses ombres, 1,500 républicains jonchaient la terre, et une immense quantité de blessés encombraient la route d'Avesnes, ainsi que les environs de la cense à Longe, où une ambulance avait été établie.

Des traits de courage sublime furent déployés par les Français au combat de Dourlers. Le château, les maisons, les rues, furent presque partout emportées à la baïonnette, et, sans les nombreuses batteries qui, au-delà du village, vomissaient des torrents de mitraille sur nos bataillons, qui, fatigués et hors d'haleine d'une trop longue course, ne pouvaient plus les aborder avec succès, nul doute que l'ennemi n'aurait pu se maintenir devant leur irrésistible élan. Plusieurs fois on songea à démonter ces batteries, et les habitants du lieu qui vivaient à cette époque se rappellent encore le terrible tapage causé par les pièces de 16 que les Français déployèrent sur les coteaux qui avoisinent la haie d'Avesnes, et qui furent pointées par les habiles canonniers de la commune de Paris. Mais la distance empêcha l'effet de ces pièces sur les batteries autrichiennes les plus éloignées. Il n'y eut que celles qui longeaient le village qui furent endommagées. L'une d'elles, située près de l'ancien Calvaire, fut tellement maltraitée, que les canonniers autrichiens, après avoir vu sauter plusieurs de leurs caissons et une pièce, se cachèrent, pour se dérober à une mort certaine, dans les caves des maisons environnantes (1).

(1) S'il en faut croire un déserteur autrichien, témoin du fait, et qui séjourna depuis à Dourlers, la pièce de canon qui éclata en cette circonstance dut cet accident à un boulet français qui s'introduisit dans sa gueule au moment où elle était chargée.

Il y eut vingt-deux maisons brûlées dans le village à la suite de cette canonnade terrible, où les obus jouèrent le principal rôle (1). Le château, qui, pendant toute l'action, fut tour-à-tour le point de mire des canonniers des deux partis, eut le bonheur d'échapper. On voit encore aujourd'hui sur ses murs et dans les arbres qui l'entourent la trace des projectiles qui furent alors lancés dessus. Un groupe de maisons qui était situé entre le château et la place du village souffrit considérablement de la maladresse des canonniers autrichiens, qui, visant après le château chaque fois que les Français s'en emparaient, tirèrent constamment à côté. Ces maisons furent ruinées de fond en comble, et sur leur emplacement, se trouve une pâture appelée la *Pâture brûlée.* D'autres habitations du village portent encore aujourd'hui dans leurs meubles les traces de la fusillade à laquelle se livrèrent les tirailleurs des deux armées en s'abordant les uns les autres. Le cimetière, pendant les trois attaques, fut un point vivement assailli et vivement défendu. Une ruelle qui, entre ce cimetière et la ferme avoisinante, se dirigeait à travers les prairies vers la plaine qu'occupaient les Français, fut le théâtre d'un grand carnage. Dans la précipitation de la retraite, ces derniers encombrèrent une fois cette ruelle de leur nombre à tel point, qu'ils n'y purent plus circuler. Les Autrichiens tombèrent sur leurs derrières et en massacrèrent plusieurs. C'est dans cette circonstance que périt un jeune

(1) La Convention nationale ayant voté une somme de 500,000 fr. pour indemnité aux communes qui avaient souffert des ravages de l'ennemi pendant ou avant la bataille de Wattignies, Dourlers eut pour sa part la somme de 14,580 francs, dont 2,080 pour les incendiés et 12,500 pour tous ceux qui avaient éprouvé d'autres pertes. (*Archives municipales. — Moniteur.*)

tambour de grenadiers du régiment de royal-Suède, âgé de quinze ans, nommé Sthrau. Cerné par plusieurs grenadiers hongrois, il se défendit héroïquement contre eux, en tua plusieurs, et fut enfin accablé par le nombre. Il fut inhumé au pied du cimetière, et, en 1837, on a retrouvé son squelette à côté de sept autres, dont trois furent reconnus pour être ceux des soldats autrichiens qu'il avait tués en se défendant. Un habitant du village, nommé Brasseur, caché dans son grenier, fut témoin oculaire de ce combat, et plus tard il se rencontra à l'armée d'Allemagne avec les frères du jeune Sthrau, qui, tout en sachant qu'il avait été tué au combat du 15 octobre 1793, ignoraient les circonstances héroïques de sa mort et les entendirent raconter avec la plus profonde émotion.

L'endroit que nous venons d'indiquer n'est pas le seul de Dourlers où l'acharnement ait été furieux de la part des combattants. Derrière les escarpements d'un chemin dit *du Monceau*, d'où les grenadiers hongrois, leurs fusils appuyés sur des fourches, ajustaient nos tirailleurs, ainsi que dans quelques prairies avoisinantes, ont été enterrés un grand nombre de cadavres dont on retrouve encore tous les jours les ossements. Une foule de blessés furent aussi recueillis en ces lieux. De ce nombre était l'illustre Mortier, citoyen du Cateau-Cambrésis, depuis maréchal de France, duc de Trévise. Blessé d'un coup de feu, lorsqu'à la tête du premier bataillon du Nord, il abordait une seconde fois le village, Mortier fut transporté dans le château et y reçut, au moment où on le pansait, le grade d'adjudant-général, que Carnot avait voulu lui décerner sur le champ de bataille.

Mortier ne fut pas le seul enfant du Nord volontaire de 89 qui se distingua à la bataille de Wattignies. Il y eut aussi l'adjudant-général Désenfant, natif de Saint-Rémy-Chaussée, où il avait passé sa jeunesse exerçant successivement les conditions de mendiant et de bûcheron. Pendant l'hiver qui suivit, Désenfant vint en cantonnement à Dourlers à la tête du premier bataillon du Nord. Il logeait à la ferme de M. Deroisin, et la propriétaire de cette maison ne put pendant long-temps s'accoutumer à ce jeu de la fortune, à ce miracle de la révolution, qui lui envoyait, pour commander chez elle en maître, un homme qu'elle avait vu autrefois à sa porte pour y recevoir l'aumône (1).

Pendant le combat sanglant de Dourlers, le château fut tour-à-tour pillé et saccagé. Après la bataille, pendant un mois, les soldats de la République, secondés par quelques habitants du lieu et des environs, achevèrent de le dévaster. On enleva tout ce qui put être enlevé ; ce qu'on ne put point arracher de place fut mutilé. Les glaces, les vitres, furent brisées ; les lambris, les planchers et d'autres boiseries, servirent de combustible pendant tout l'hiver suivant. Finalement, les dégâts furent si grands, que depuis, ses propriétaires n'ont plus jamais songé à le rendre habitable, et, pendant cinquante ans, il n'eut d'autre destination que de servir de hangar, de grenier à foin et de bûcher pour le jardinier-concierge et le fermier de la basse-cour.

Après la fuite du comte de Normont à l'étranger, ses

(1) Cette dame était l'aïeule de M. Deroisin, propriétaire du château de Recquignies, ancien membre du conseil d'arrondissement, personnage recommandable qui, ainsi que son père, s'est acquis la réputation d'un des bons agriculteurs du pays. Les Deroisin ont été long-temps de père en fils greffiers et administrateurs de la terre de Dourlers. Nous possédons des comptes et des quittances touchant cette terre, signés de Ghislain Deroisin en 1678, de Jean Deroisin en 1688.

biens furent mis sous le séquestre, déclarés nationaux et exposés en vente comme biens d'émigré. Une grande partie de ces biens, notamment le moulin de Saint-Aubin et les prairies qui étaient situées dans cet endroit, furent vendus sans retour ; mais la basse-cour du château, ainsi que les fermes de Semousies et de la cense à Longe, furent rachetées avec les fonds du seigneur au nom de ceux qui les occupaient. Il en fut de même des bois et du château, par l'ancien jardinier, demeuré gardien de l'habitation.

En l'an 4 de la République, un décret de la Convention nationale ayant autorisé la rentrée des émigrés qui n'avaient passé à l'étranger que dans la tourmente de 93, le comte de Normont revint au pays au moyen d'un passe-port que deux de ses anciens fermiers, les citoyens Sohier, de Bréaugies, et Devoses, du Quesnoy, lui avaient fait délivrer par la commune de Dourlers. Il se présenta ensuite au district d'Avesnes, afin d'obtenir sa radiation de la liste des émigrés et de faire suspendre la vente de ses biens. Le 10 vendémiaire an 4, les membres dudit district prirent un arrêté conforme à sa réclamation, lequel fut soumis à la ratification du comité de législation de Paris.

En attendant, il fut placé sous la surveillance de la municipalité de Dourlers, et circula de France en Belgique à l'aide d'un autre passe-port qui lui fut délivré à Bruxelles par Giroust, représentant du peuple (1). Quelque temps après, il fut rayé de la liste des émigrés. Alors il revint se fixer à Dourlers pour y régler ses rapports et ses intérêts avec ses fermiers et son jardinier, qui lui rendirent ses propriétés, et auxquels il accorda, pour récompense, des locations avantageuses. Il rentra ainsi en

(1) *Archives municipales.*

possession de la plus grande partie des biens qu'il avait eu la crainte de perdre ; quant à ceux qui avaient été vendus, il en fut dédommagé plus tard par la part qu'il eut dans le milliard d'indemnité (1).

La résidence du comte de Normont à Dourlers toutes les fois qu'il y revint, depuis, avec son frère, fut le bâtiment situé au-dessus de l'entrée principale du château, qui autrefois servait de logement au concierge et aux palefreniers, et que le peu de commodité qu'ils y trouvèrent leur fit surnommer *la mal gouverne*. Sur la fin de sa vie, Charles Bady se retira exclusivement à Bruxelles, où il mourut en 1833 sans laisser aucune postérité de sa femme, fille de l'avocat Leverd, qu'il avait épousée depuis la révolution. Son frère, Bertrand Bady, chevalier de Saint-Louis, lui succéda dans le titre de comte de Normont et dans la possession des terres de Dourlers, d'Arbre, etc. Pas plus que son frère aîné, ce vieux gentilhomme ne crut devoir faire restaurer la maison où il était né, le château de ses pères. Sur la fin de sa vie, il habita alternativement le château de Quiévrechain et la ville de Valenciennes, où il se fit généralement remarquer par ses formes polies, sa douceur et sa générosité. Il mourut en 1845, le 20 septembre, souverainement regretté, même des habitants de Dourlers, qui, tous, assistèrent au service funèbre qu'on célébra pour lui dans leur église paroissiale. En lui s'éteignit la branche cadette

(1) Il résulte d'un sommier dit *des émigrés*, déposé aux archives de l'administration des domaines, que l'on a vendu, en l'an 2 et en l'an 3 de la République, des biens confisqués : 1° sur Charles Bady, pour 878,675 livres, savoir : 836,134 liv. en immeubles, et 42,541 liv. en meubles ; 2° sur Bady (Bertrand), ex-seigneur de Rainsars, pour 334,705 liv., dont 318,096 liv. en immeubles, et 16,609 en meubles. (*Notice généalogique* de M. Michaux.)

des Bady. Sa fortune, à sa mort, passa à sa cousine, Aimée-Marie-Sophie de Nédonchel, marquise de Nédonchel, à qui il l'avait léguée par son testament.

La famille des Nédonchel est une des plus anciennes et des plus illustres qui existent encore en France. Comme des membres de cette famille habitent depuis longtemps l'arrondissement d'Avesnes et que son chef actuel doit désormais se fixer à Dourlers, nous croyons que quelques renseignements sur elle ne seront pas déplacés ici.

Au 10e siècle vivait Godefroi de Nédonchel, qui, en 1006, accompagna le roi Robert lorsque celui-ci se joignit nit à l'empereur Henri II pour assiéger dans Valenciennes Bauduin IV, comte de Flandre (1). Plusieurs barons de Nédonchel firent partie de différentes expéditions célèbres. L'un fut à la bataille de Bouvines, un autre à celle de Rosbecque. On trouve sur les plafonds du Musée historique de Versailles (2e salle des croisades) le nom et les armes d'un Barthélemy, sire et baron de Nédonchel, qui, en 1217, alla en Egypte avec saint Louis. A la bataille d'Azincourt, en 1415, il se trouvait quatre personnages du nom de Nédonchel, savoir : Robert de Nédonchel, sire de Ligny, Ferfay, etc.; Enguerrand de Nédonchel, capitaine de Beuvry, de la branche de Lievin; et Jean de Nédonchel, seigneur de Beuvrière, de la branche de Garbeck, avec son fils Guimard. Les trois derniers périrent dans l'action sous le fer des Anglais (2).

Autrefois comme aujourd'hui, les Nédonchel portaient d'azur à la bande d'argent, et avaient pour devise ces mots : *Antiquitas et nobilitas.* La seigneurie qui porte leur nom est un petit village de l'Artois, entre Aire

(1) *Chronique d'Hébert,* moine de Lihons.
(2) *Preuves de cour,* Monstrelet.

et Saint-Pol, où l'on voit encore les traces de deux anciens châteaux qu'ils y firent construire à différentes époques. Il y a dans l'église de Vaucelles, en Cambrésis, une tombe où fut enterré en 1280 Guy de Nédonchel, gouverneur de la ville de Crèvecœur (1). Cette illustre maison a aussi fourni des gouverneurs aux villes de Paris, Saint-Omer, Romorantin, etc.; des chanoinesses aux chapitres nobles de Denain, de Mons et de Maubeuge, des chanoines à plusieurs cathédrales, un chevalier de Malte, etc. (2). L'un de ses membres, Gilles de Nédonchel, quatrième du nom, dont on voyait autrefois le buste à la bibliothèque du vieux Louvre, qu'il avait enrichie de manuscrits précieux, fut successivement conseiller des rois Charles V, Charles VI, premier chambellan de Louis II, duc de Bourbon, chancelier du duc de Bourgogne, et gouverneur de la ville et comté de Clermont en Beauvoisis (3). La mère-branche à laquelle appartenait ce puissant seigneur s'éteignit dans la personne de son petit-fils vers le milieu du 15e siècle. La terre de Nédonchel passa alors par les femmes dans la famille des d'Humières, et de celle-ci dans les maisons de Pardo, Gouffier, Morel, Carnin et de Berghes-Saint-Winock. Mais en 1585, le droit de retrait sur cette terre étant revenu à la maison de Nédonchel par le mariage de Marie de Berghes avec

(1) *Généalogie manuscrite de la bibliothèque de Mons*, déjà citée.

(2) *Noblesse et chevalerie du comté de Flandre, d'Artois et Picardie*, publiée par Roger, membre de la Société des antiquaires de la Picardie, et correspondant du ministère de l'instruction publique pour les travaux historiques. (Amiens, 1843.)

(3) *Archives de l'évêché de Beauvais*, boite *Clermont*. — Montfaucon, *Monuments de la monarchie française*, t. 3, p. 20, 21. — *Archives de l'Abbaye Saint-Martin de Nevers*. — Secousse, *Ordonnances des rois de France*, t. 6, p. 281 et 605. — *Histoire manuscrite de la bibliothèque royale*.

Georges de Nédonchel, de la branche de Bouvignies, plus tard, la terre elle-même rentra dans la possession directe des descendants de ce dernier (1).

La branche de Bouvignies est la seule qui soit encore existante aujourd'hui. Elle a pour chef Jacques de Nédonchel, seigneur de Hannecamps, qui se maria en 1496 à Isabeau d'Ostrel, dame de Vicoigne (2). Le cinquième descendant dudit Jacques, Octave-Eugène de Nédonchel, baron de Bouvignies et de Ravensberg, vicomte de Staples, seigneur de la Vicoigne, Douchy, Douvrin, etc., etc., est le premier qui porta le titre de marquis. Ce titre lui fut accordé en 1723 par Louis XV, en considération de ses services et de l'ancienneté de sa famille. Son arrière-petit-fils, Octave-Alexandre-Marie, marquis de Nédonchel et de Bouvignies, de Hennin, Quérénaing, Artres, etc., etc., comte du souverain Bruay, etc., etc., châtelain héréditaire de Cassel et gouverneur d'Orchies, était colonel du régiment d'Artois au moment de la révolution, et vécut jusqu'en 1827. Il eut deux fils et deux filles. L'aîné des fils, Charles-Alexandre, lui succéda dans le titre de marquis; le second se maria en Belgique, où il est connu sous le nom de comte de Nédonchel et de Boussu. Quant aux filles, la plus jeune, d'abord chanoinesse à Maubeuge avec sa sœur, s'est mariée en 1828 à M. le baron de l'Epine, alors maire du Quesnoy et membre de la chambre des députés.

Charles-Alexandre, marquis de Nédonchel, était à l'ar-

(1) Extrait du t. 10e des *Archives généalogiques et historiques de la noblesse de France*.

(2) Ce seigneur eut trois fils, dont deux moururent sans postérité vers le milieu du 16e siècle, dans des circonstances fort tragiques. L'auteur de cette notice possède sur eux des renseignements pleins d'intérêt.

mée à l'époque de la révolution. Il passa en émigration et servit valeureusement dans l'armée de Condé. Rentré en France, il fit partie des volontaires de la garde de Louis XVIII. Il avait épousé en 1803 la fille de son grand-oncle, le baron de Nédonchel, du Jolimetz (1), celle à laquelle le comte de Normont légua, plus tard, toute sa fortune. De ce mariage sont issus 1° trois fils, savoir :

(1) Ledit baron de Nédonchel était le frère puîné de César-Joseph-Marie, marquis de Nédonchel, etc., le même dont il est question dans les *Archives du Nord*, t. 5, p. 432. Ce dernier avait passé une partie de sa jeunesse en Angleterre, et s'était, pendant son séjour, façonné aux modes, aux habitudes de ce pays. De retour en France, engoué qu'il était des enfants d'Albion, il avait pour habitude de répondre aux observations qui lui étaient faites sur ses dires et gestes, ces mots : « Toujours, comme à l'anglaise. » Un jour qu'il galopait auprès de la calèche découverte où se tenait Louis XV dans une de ses promenades, il éclaboussa ce monarque en passant. Celui-ci le lui ayant fait observer, M. de Nédonchel, pensant qu'il s'agissait d'un compliment sur son équitation, lui répondit : « Toujours, Sire, comme à l'anglaise », ce qui divertit beaucoup le monarque. César-Joseph-Marie de Nédonchel mourut en 1781, à Chantilly, d'une manière tragique, en chassant avec le duc de Bourbon, dont il était l'ami.

Son frère, le baron de Nédonchel, du Jolimetz, embrassa la carrière des armes. En 1757, il était déjà capitaine dans le régiment de Beauvilliers-cavalerie, et fit en cette qualité les dernières campagnes de la guerre de *Sept ans*. Plus tard il fut successivement nommé officier supérieur de gendarmerie, brigadier de cavalerie, maréchal-de-camp, lieutenant-général, et commandeur de l'ordre de Saint-Louis. En 1789, il était bailli d'épée à la résidence du Quesnoy. Elu par ce bailliage député aux états-généraux, où il remplaça le duc de Croy d'Havré, démissionnaire, il vota constamment avec la minorité conservatrice des droits de la royauté, s'opposa à la réunion de la noblesse au tiers-état, signa les protestations des 12 et 15 septembre contre les décrets de l'assemblée nationale, et donna peu après sa démission. En 1828, lorsque Charles X visita le département du Nord, il reçut le vieux baron avec la plus grande déférence, et ne permit pas qu'il restât debout en sa présence. Il mourut en 1832. Outre madame la marquise de Nédonchel, il avait eu un fils, mort sans postérité, et une seconde fille mariée au comte Dauger.

Indépendamment de son frère le marquis, bisaïeul paternel des

M. Charles-Louis-Alexandre ; M. Alexandre-Henri-Godefroi, marié à une fille du marquis de Blangy ; M. Albert-Marie-Léon, qui a épousé mademoiselle Rodriguez-d'Evora-y-Vega ; — 2° trois filles, dont deux sont mariées, l'une au comte de La Coste, et l'autre au vicomte d'Hauterive ; la troisième est religieuse au couvent des dames du Sacré-Cœur.

M. Louis-Alexandre, marquis de Nédonchel depuis la mort de son père, arrivée le 12 octobre 1848, est celui à qui la terre de Dourlers a été léguée par sa mère en 1847. Se disposant à habiter cette terre, il y a déjà fait effectuer de nombreux travaux et de grands embellissements. Il a entrepris la restauration du château dans tout son entier, et a fait considérablement modifier son architecture. On dit qu'il se dispose à l'entourer d'un vaste parc. Lorsque ces changements seront effectués, cette habitation pourra certainement passer pour une des plus agréables du département.

Placé dans un pays frontière, à proximité d'un lieu d'étapes, à côté d'une grande route, et le long d'un chemin de grande communication, Dourlers fut souvent visité par les étrangers et par la troupe. En 1814, il fut traversé par les alliés marchant sur la Champagne. En 1815, un bataillon du 1er de ligne y séjourna jusqu'au moment de la campagne de Waterloo, et deux jours après

enfants de sa fille aînée, le baron de Nédonchel eut un autre frère et cinq sœurs, dont plusieurs moururent sans postérité. En 1794, au fort de la terreur, la mère de ces enfants, ayant été arrêtée comme suspecte et transférée dans la prison de Douai, y fut suivie par sa fille aînée, puis par la puînée, qui ne put résister au désir d'aller prodiguer à sa mère toutes les consolations et les soins que son infortune exigeait. Ce dévouement attira sur ces héroïques demoiselles le sort de leur mère. Elles périrent avec elle, peu de temps après, à Cambrai, sur l'échafaud révolutionnaire. (*Archives généalogiques et historiques de la noblesse de France*, t. 10.)

cette bataille, l'avant-garde de l'armée prussienne s'y arrêta pour camper. Ce corps d'armée se disposait à assiéger la ville d'Avesnes; mais le magasin à poudre de cette ville ayant fait explosion la nuit suivante, il se remit aussitôt en marche sur Paris, à la grande satisfaction des habitants de Dourlers, qu'ils avaient considérablement pillés et maltraités. Les brutalités des Prussiens allèrent si loin en cette occasion, qu'ils exaspérèrent dans la commune une foule de citoyens naturellement doux et paisibles, et l'on a su depuis comment un d'entre eux répondit aux mauvais traitements et aux menaces de mort de deux traînards de la Landwher qui étaient demeurés pour piller (1). En 1816, 1817 et 1818, au temps de l'occupation des alliés, Dourlers, ainsi que les villages environnants, fut occupé par les soldats d'un régiment d'artillerie russe. Les habitants sympathisèrent facilement avec ces étrangers, dont la discipline et la douceur furent trouvées beaucoup plus endurantes que celles des Prussiens. Trois années de résidence avaient tellement accoutumé la population de Dourlers et celle de Saint-Aubin aux habitudes des Russes, qu'après leur départ les habitants de ces deux villages ne purent s'empêcher de monter une mascarade où l'on remémora les adieux des soldats du czar partant pour leur lointaine patrie. Ceux de Saint-Aubin représentaient les Français, ceux de Dourlers les Cosaques, et ces derniers jouèrent leur rôle en vrais et bons Cosaques du Don. Ils dérobèrent adroitement les victuailles que le parti français avait réservées pour son repas, et de plus ils allèrent à Floursies pour faire contribuer le paysan. Les bonnes

(1) Il les attira dans son écurie sous prétexte de leur montrer de l'argent qu'il y avait caché, et les assomma.

vieilles de cet endroit, en voyant paraître des hommes barbus, vêtus à la cosaque, crurent que les Russes étaient revenus en France, et s'empressèrent de leur servir tous les poulets et chapons qu'ils exigèrent.

Ce goût des mascarades et des parties joyeuses a toujours régné, du reste, chez les habitants de Dourlers. La manière dont ils solennisent, le lundi de Pâques, la réception des nouveaux venus de la jeunesse ; l'entente habile qu'ils mettent à fêter ou à charivariser les jeunes gens aisés qui viennent prendre femme dans la commune, selon qu'ils acceptent où n'acceptent pas *des honneurs*, sont tout à fait curieuses. Toutes ces choses se font avec la meilleure humeur, sans colère, sans disputes et sans rixes; ce qui est bien différent dans certains villages voisins, où les jeunes gens ne peuvent se livrer à la moindre récréation de ce genre sans se faire traduire en police correctionnelle. Mais il faut dire qu'à Dourlers les caractères sont généralement mieux inspirés, et qu'enfin quelques amateurs sont parvenus à y mettre la sage gaieté à l'ordre du jour en prenant pour système d'émousser par des plaisanteries la susceptibilité ignorante et ombrageuse de ces caractères, communs encore à la campagne, pour qui, souvent, les circonstances les plus innocentes sont des occasions de querelle.

En 1469, Dourlers, avec Saint-Aubin, qui, comme nous l'avons vu, n'était alors qu'une de ses annexes, renfermait 72 feux. Il en comprenait 140 au commencement du 17e siècle. Alors, ce dernier endroit ayant été érigé en commune indépendante, la population de Dourlers en fut diminuée du tiers. En 1773, elle n'était que de 355 habitants, et de 779 en 1824. En 1830, il y avait 20 habitants en plus; aujourd'hui il y en a 915 répartis dans 252 maisons. Dans cette totalité il faut compter 120 indigents à la charge du bureau de bienfaisance, dont les revenus s'élèvent à 2,300 francs. La superficie de son territoire est de 870 hectares, dont 522 en terres labourables, 11 en prés, 240 en pâtures, 33 en bois, 7 en landes et le reste en fonds de bâtiments, routes, chemins et ruisseaux. Son revenu imposable s'élève annuellement autour de 50,000 francs. En 1830, le fisc y prélevait 7,678 fr. 69 c., total des diverses contributions. Aujourd'hui ce total s'élève à 9,349 fr. 88 c. (1). Outre les fabriques de clous dont nous avons précédemment parlé, il s'y trouve deux brasseries, trois fours à chaux, une carrière de marbre rouge qui n'est plus en exploitation, plusieurs carrières de pierres de taille et autres, et des ateliers pour blanchir, teindre et filer la laine, etc., etc. Les actes de l'état civil, bien conservés, y remontent à l'année 1592. On y trouve aussi les archives des notaires qui ont résidé dans cet endroit de temps immémorial. Au temps de la première République, Dourlers fut le siége d'un chef-lieu de canton et d'une justice de paix. Il s'y trouve depuis un an une subdivision de sapeurs-pompiers parfaitement équipés et armés.

Nous terminerons ici notre notice en demandant l'indulgence du lecteur pour une ébauche que l'amour que nous conservons pour le lieu qui nous a

(1) Statistiques et dénombrements compris dans les archives du département à Lille, dans celles du Haynaut à Mons, et dans la bibliothèque de cette ville. — *Annuaires du département.*

vu naître nous a seul porté à entreprendre. Si le sujet l'avait comporté, nous aurions voulu la rendre plus intéressante. Mais la nature toute locale et restreinte de notre récit nous en a empêché. Aussi daignera-t-on nous pardonner une foule de petits détails que nous avons dû faire figurer par crainte d'être trop court. Nous aurions vivement désiré donner, d'un autre côté, sur les transmissions successives de la terre de Dourlers, sur le dénombrement, l'état de ses différents domaines au moyen âge, des renseignements plus complets, plus suivis. Mais la collection de titres que nous espérions trouver à ce sujet aux archives du département y ayant été ou égarée, ou dérobée par une main infidèle, force nous a été de nous contenter du petit nombre de documents que nous avons trouvés épars çà et là, et que nous avons rassemblés à grand' peine. Qu'on nous pardonne aussi de nous être étendu sur des faits contemporains. Leur nature, l'époque émouvante à laquelle ils appartiennent, époque qui apporta des modifications si profondes dans les intérêts et les priviléges de l'ancienne propriété foncière, nous ont paru des raisons suffisantes pour ne point garder le silence. Après cela, fidèle au système que nous avons toujours suivi, nous nous sommes borné à constater des faits, sans chercher à les interpréter ou à les accompagner d'aucune réflexion tendant à leur donner une couleur politique quelconque.

Maubeuge, ce 25 mai 1850.

CONFIRMATION

DONNÉE PAR JEAN II, COMTE DE HAYNAUT, EN 1273, DU TRAITÉ CONCLU EN 1254 ENTRE JEAN D'AVESNES ET LE SEIGNEUR DE BEAUMONT, BAUDUIN D'AVESNES, SON FRÈRE CADET, LORS DU PARTAGE QUE, CONFORMÉMENT A L'ARBITRAGE DE SAINT LOUIS, CES DERNIERS FIRENT DE LA SUCCESSION DE LEUR PÈRE, BOUCHARD, AÏEUL DUDIT JEAN DE HAYNAUT.

(Extrait du 1er cartulaire de la province du Haynaut, fol. l., p. 363).

A tous ciauls ki ces lettres verront et oront jou jehans de Haynnau, aisnés fiuls et hoirs jadis Monsigneur d'Avesnes, de boine mémoire, fac à savoir ke jadis, par communs amis et par acort poir bien de pais, ordenance a esté faite entre mon chier signeur et père devant dit et mon chier oncle Monsigneur Bauduin d'Avesnes, signeur de Biaumont en tel forme ke mes chiers oncles doit avoir et tenir pour parçon de terre pour lui et pour ses hoirs, perpétuellement en franc hyretage, sans nul rapiel et sans nul débat ne contredit toute le ville de Dourleis et les appendances de le ville et dou lieu et trois cens livres de la monnoie du Haynnau cascun an à tous jours, il et si oir ke mes chiers sires et pères devant nommeis avait au winage de Avesnes et si doit encore avoir le ville de Beaufort ausi et les bos de Maubuege, tot si avant en justices, en gardes et en toutes autres droitures et maniances ke ma chière aïole, Marguerite, comtesse de Flandre et de Haynnau, les tenoit et maintenoit avoec l'abesse de Maubuege. Et si doit encore avoir les bos et qui il a en tout cuinc cens boniers, petit plus u petit moins, si com ils furent bousnei, et puis les eschanja mesires mes oncles devant dis à reverent père en nostre signeur Nicholon, a cel tans eveske de Cambrai. Et doit encore avoir mes chiers oncles devant dis, Biaumont et toute la chastelerie de Biaumont ensi com elle s'estent, en toutes cozes, c'est à-savoir le ville de Ranche, le forêt de Ranche, le ville de Froit-Capiele, Fourbrecies, Montbiliart, Sivri, Grantriu, Frasies, Foroit, Sorre-St-Geri et toutes les appendances de ces devant dites villes. Et si doit encore avoir tous les bos de

Faigne, tou cou ke mes très chière dame, m'aïole devant nommée i avoit et devoit avoir. Et si doit encor avoir tous les ommages d'outre Sambre devers Faigne, hormises les paeries de Mons et de Valenchienes et l'ommage du signeur de Berlainmont. Et est encor à savoir k'il doit avoir le ville de Raimes, de lé Valenchienes, et toutes les appendances de le ville. Et si doit avoir les bos de Vicongne, en tout treize cens et vint et un boniers, petit plus u petit moins, si com les bonnes le portent ki mises i furent par monsigneur Gille, jadis signeur de Berlainmont. Et toutes ces cozes et ces pièces, si com eles sont ci deseure devisées et escrites, jou jehans de Haynnau, aisnés fiuls et hoirs jadis Monsigneur Jehan de Avesnes deseuredit, de me sponge et franke volonté, grée, loe, approeve et conferme ceste devise ceste ordenanche, si com ele fut faite ensi pour bien de pais et ensi com deseure est dit, loïaument pour bien e pour pais entre mon cier père et mon cier oncle devant dis, et proumet et si proumis par moi et par mes oirs par ma foi et par mon sairement prestées corporensement, ke si le tenai fermement et entirement en boine foi, sans jamais à nul jour aler encontre par moi ne par autrui, debat ne calenge, par avantage de jouvenece u d'aage ne par autre raison nulle que le k'ele soit ne puist iestre, ne ne querrai art ne engien, cause ne matère ne okaison, par moi ne par autrui, par quoi le devise et le ordenance deseure dite soit empiechiée, affoiblie et blecié u amentie en tout u en aucunne partie. Et connois encore ke mes ciers oncles devant dis doit tenir toutes les cozes devant dites aussi francement et justicablement il est si hoir, com ma chière ayole devant dite les tenoit, sous l'ommage qu'il en doit à lui et à moi et à mes oirs signeurs apriès li et en renonches à toutes deffenses, barres, aiuwes, raisons, refius, et exception de sainte église et de loy et de court mondaine et à tous avantages de lettres de gracies, de indulgences empétries et à empetrer de le court l'apostole, de Arkevesque, eveske u de tous prelats de sainte église, de le court l'empereour, dou roi de Franche et de tous autres princes terriens. Et encore en ai-je renonchié et renonche espéciaument, par ma foi et par mon sairement, à toute restitution entire, se jamais le demandasse u eusse pooir dou demander par bénifice u raison de jouvence, et ke je jamais ne peusse dire ne proposer ke je u mes chiers pères devant dis aiens esté desçue u blechié en la devise et ordenance devant dite. Et, pour cou que ceste ordenance et ceste devise soient plus fermement tenues en toutes cozes, je soupplie et requir humblement à mon très saint et reverent père monsigneur par la grasce de Diu apostole de Roume, ke il ceste ordenance et ceste devise voelle approuver et confremer de se autorité et mi et mes oirs d'estraindre par sentense de escuminiement giéter en nos personnes et de entredit en nos terres, se il avenoit ke jà n'avigne ke nous aliessiens jamais encontre en tout ne en aucune partie, ne par nous, ne par autrui, et ke il de cou li doinst à conservateur l'eveske de Loon. Et pri encor et requier à tous les hommes de Haynnau ke il en soient en l'aide mon cier oncle devant nommei et en ma grévance, si il advenoit ke j'en alasse encontre ne par moi ne par autrui, et qu'il a toutes ces cozes et devises devant dites mettent lors saisies cil ki de par mon cier oncle en seront requis devant dit. En thesmongnage et pour seurté de laquel coze, je ai doné ces présentes lettres à mon cier oncle souvent nommée, séellées de mon séel dou quel jou use orendroit. Et ai proumis et proumet, par ma foi et par mon sairement, ke si tost que je aurai autre séel je les mettrai à ces présentes lettres, quand je en serai requis. Ces lettres furent données en l'an de l'incarnation de Notre Signeur Jhesu-Christ MCCLXXIII, el mois de marc.

ACTE DÉFINITIF

PAR LEQUEL PIERRE BADY, SEIGNEUR D'AIMERIES, ENTRA EN POSSESSION DE LA TERRE DE DOURLERS.

(Extrait des archives de la prévôté de Maubeuge.)

Pierre Bady escuyer, sécrétaire du roy, maison, couronne de France, seignieur d'Aymeryes, y demeurant, remontre qu'il at acquis de damoiselle Cronendal de Vliryngue, demeurant en la ville de Tournay, la terre et seigneurie de Dourlers, es tous les villages qui la composent et autres ses dépendances et appendances, ainsi que la dame vicomtesse de Vliryngue mère de ladite damoiselle lui avait cédé auparavant sans aucune réserve, et parce que, lors de son acquisition, cette terre et seignieurie, ses dépendances et appendances se trouvaient saisies et arrestées soubs l'authorité de ce siège, à la traite et poursuite des créanciers de ladite dame vicomtesse, le remontrant pour avoir la liberté de cette terre a être obligé de satisfaire tous les créanciers saisissans et renchargeans comme il paroit de leurs quittance cy attachées, lesquelles comparées aux certificats qu'ont donnés les sieurs Luce, commissaire aux saisies réel-

les soubs ceste prévosté, le sieur Wallé, greffier, et Gilles Pelset, sergent de cette office, aïant fait les saisies de ladite terre et de ses dépendances et appendances, font veoir que tous les créanciers sont entierrement satisfaits, par conséquent le remontrant doibt jouir de cette terre en toute liberté, vue qu'elle est déchargée de toutes les debtes, pour lesquelles elle se trouvait arrestée lors de son acquisition. Ce considéré, M. Hennet, conseiller du roi, prévôt et juge royal, civil et criminel des ville et prévôté de Maubeuge, a accordé la main levée des saisies et rencharges susmentionnées afin que le remontrant en puisse jouir par ses mains.

A Maubeuge, le 28 *juillet* 1710.

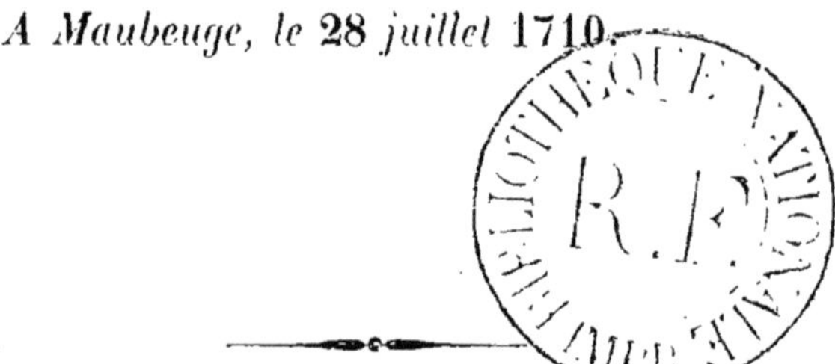

www.ingramcontent.com/pod-product-compliance
Ingram Content Group UK Ltd.
Pitfield, Milton Keynes, MK11 3LW, UK
UKHW020208200726